GOLDMANN

Buch

Fremd in der Welt, die ihm gewaltsam aufgezwungen wurde, lebt auch der angepaßteste Bretone in Frankreich weiter in innerer Emigration, in seiner eigenen Welt: einer Welt, die keine Grenzen kennt zwischen Licht und Dunkelheit, Tag und Nacht, Vergangenheit, Gegenwart und Zukunft, Himmel, Erde und Meer, Mensch, Pflanze und Tier, Gedanken und Gefühl, Traum und Wirklichkeit, Sünde und Gnade, Leben und Tod; der Welt der Tafelrunde und des Grals, der Welt von Tristan und Ossian, der Welt der irischen Sagen des walisischen Mabinogi, der bretonischen »Heiligen«: der verrückten Welt der Kelten.

In der vorliegenden Geschichtensammlung begegnen uns immer wieder die bretonischen Heiligen, allen voran Morgana mit ihrem blühenden Weißdornzweig in der Hand, die Macht genug besitzt, um in der Bretagne oder in Armorika, wie dieses Land auch genannt wird, wundersame Dinge geschehen zu lassen.

Am Ende wie am Anfang werden die Heiligen sein.

Autor

Yann Daniel, geboren 1916 in der Bretagne, stammt aus einer Bauernfamilie. Bis 1937: Studiert Literatur und Psychologie. Anhänger der äußersten Linken, links der Volksfront. Zahllose Gelegenheitsarbeiten, um zu überleben, so vor allem Straßensänger, Hundefänger, Waggonablader, Straßenmusikant, fliegender Händler usw. ... 1936: Militärdienst. 1939–45: Krieg. In Dünkirchen gefangengenommen. Fünf Fluchtversuche. Einmal Befehlsverweigerung. 1942: nach Rawa-Ruska in der Ukraine deportiert (Vergeltungslager). Dann vom Kriegsgericht verurteilt wegen Propaganda gegen NSDAP und Wehrmacht: Militärzuchthaus in Graudenz, Thorn und Blechhammer. 1946–50: Arbeitspsychologie in Paris. 1952–57: Zeitungskorrespondent in der Bundesrepublik für: »Combat«, «Liberation«, »Les echos«. 1957–74: Übersetzer in der BRD. Seit 1974: Lebt in der Provence. Besondere Kennzeichen: nur ein Ohr, zweimal verheiratet und geschieden, vier Kinder. Jagt Schürzen und säuft wie ein Feldkurat, singt wie ein Rabe. Haut Bilder seit 1966.

Yann Daniel

Die Heiligen vom Ende der Welt

Bretonische Mythen

Goldmann Verlag

Ins Deutsche übertragen von Angela Wicharz-Lindner

Made in Germany · 4/87 · 1. Auflage
Genehmigte Taschenbuchausgabe

erschienen unter dem Titel: Das Nebelpferd – Geschichten aus der Bretagne
Umschlaggestaltung: Elisabeth Petersen
Umschlagfoto: Anselm Spring, Landsberg a. Lech
Satz: IBV Satz- und Datentechnik GmbH, Berlin
Druck: Presse-Druck Augsburg
Verlagsnummer: 12013
Lektorat: Michael Görden
Herstellung: Sebastian Strohmaier
ISBN 3-442-12013-6

Zum Gedenken an
Jean Daniel und Corentine Coïc
vom Steud in St.-Jean-Strolimon
und
Louis Caradec und Marie-Jeanne Tudal,
von Kerhô in Fouesnant,
meine Großeltern.

Inhalt

»Une civilisation ne meurt jamais tout entière, elle continue d'alimenter en profondeur, comme une eau souterraine, les générations qui sueccèdent à son apparente mort, et elle resurgit tôt ou tard.«

Pierre-Jakez Hélias, Le cheval d'orgueil

(Eine Zivilisation stirbt niemals ganz, in der Tiefe speist sie, wie eine unterirdische Quelle, die Generationen weiter, die auf ihren scheinbaren Tod folgen, und früher oder später ersteht sie wieder auf.)

»Fils des muets, fils des exilés, fils des gisants... voici venus vos temps ... Les tourterelles cinglent, hurlez goélands, marchez les arbres ... Aurore de mon pays, je te salue.«

Xavier Grall, Le cheval couché

(Söhne der Stummen, Söhne der Verbannten, Söhne der Ruhenden ... eure Zeit ist gekommen ... Die Turteltauben durchschneiden die Luft, schreit, ihr Seemöwen, vorwärts, ihr Bäume ... Ich grüße dich, Morgenrot meines Landes.)

Am Anfang waren die Heiligen

Die bretonische Emigration nach Armorika beginnt im IV. Jahrhundert: Unter dem Druck der Sachsen, dann der Angeln werden die Bretonen Groß-Britanniens allmählich in die Berge von Wales, Cornwall und Cumberland zurückgedrängt. Als der Druck der Germanen zunimmt, überquert eine unbekannte Zahl von Bretonen das Meer, um sich auf der dünnbesiedelten Halbinsel Armorika niederzulassen, auf der ein Volk lebt, das ihnen ethnisch wie kulturell übrigens sehr nahesteht. Im Landesinneren finden die Neuankömmlinge Grund und Boden im Überfluß. Sie machen das Land fruchtbar, auf dem sie von nun an unter sehr primitiven Bedingungen leben werden: Die ehemaligen Römerstädte an Küste und Flußufern sind verschwunden, zerstört von den Piraten aus dem Norden. Es gibt keine Märkte mehr, keine Straßen, keine Verwaltung, keine Regierung. Das Christentum, das einst in die Städte vorgedrungen war, droht unterzugehen, da es an Priestern mangelt, die regelmäßig die Messe lesen könnten. Das Land fällt langsam in das zurück, was die Römer Barbarei nannten.

Jenseits des Meeres jedoch blüht und gedeiht das Christentum ungehindert weiter. In Irland gibt es eine äußerst vielfältige und eigentümliche Mönchsbewegung. Wales wird zum Ausgangspunkt einer regen Missionstätigkeit, die die christliche Botschaft bis nach Germanien trägt. Die Mönche aus Wales und Irland fahren wahrscheinlich auf Bitten der alten oder neuen Einwohner Armorikas, wo es zuwenig Kirchen und Priester gibt, über das Meer, um an der Küste Neu- oder Klein-Britanniens zu landen. Diese Missionare leben zunächst als Einsiedler. Bauern und Hirten siedeln sich in der Nähe ihrer Klausen, ihrer Betplätze an und können dort die Messe mitfeiern und die Sakramente empfangen. Schüler schließen sich ihnen an, um zu lernen und den Missionaren bei ihrer Aufgabe zu helfen. Auf diese Weise entstehen die Klöster. Um diese Klausen, diese Einsiedeleien, diese Klöster herum bilden sich Gemeinden.

Dieser Evangelisierungsprozeß unterscheidet sich grundlegend von dem des übrigen Landes, das einst von den Römern kontrolliert wurde. Die kirchlichen Strukturen, die sich im gesamten Landesgebiet herausbilden, entsprechen stets der von Rom geschaffenen politisch-militärischen Ordnung. Der Bischof tritt ganz selbstverständlich die Nachfolge des ehemaligen Magistrats an, als das Römische Reich untergeht. Die Evangelisation erreicht zuerst die Städte und strahlt von dort auf das Land aus. Die französischen Wörter *paysan* (dt.: Bauer) und *paien* (dt.: Heide) stammen beide von demselben lateinischen *paganus* ab, was Dorfbewohner heißt, so wie in Germanien der *Heide* (frz. paien) der Mensch aus der *Heide* (frz.: la lande) ist.

In der Bretagne verläuft dieser Prozeß gerade umgekehrt. Wie wir bereits gesehen haben, sind die römischen Städte vor dem Erscheinen der Missionare, die sich auf dem Land bei den Bauern niederließen, verschwunden. Die Grenzen der von den Missionaren gegründeten Gemeinden haben nichts mit den einst von Rom festgelegten Verwaltungsbezirken gemein. Wie in Schwarzafrika Jahrhunderte später, bezeichnen diese Grenzen das Betätigungsfeld, in dem sich der Missionar bewegt. Sie richten sich nach dem Aktionsradius des Menschen oder seines Fortbewegungsmittels, ein Esel oder Pferd in der Bretagne des VI. Jahrhunderts, ein Fahrrad oder Jeep im Afrika des XX. Jahrhunderts. In beiden Fällen begibt sich der Priester mit seinen Kultgegenständen an den Ort, an dem man ihn braucht, um die Sakramente zu spenden und die Messe zu feiern. Mit seinem tragbaren Altar in der Hand, handelt er inmitten einer aufs Notwendigste reduzierten Kulisse: Statt in einer Kirche oder Kapelle an einem einfachen Betplatz oder gar auf einem Dorfplatz oder an einer Wegkreuzung.

Angesichts der Beschränktheit seiner Mittel wappnet sich der irische oder walisische Missionar in Armorika in aller Eile mit dem Notwendigsten. Er weiß sich immer zu helfen. Er improvisiert: Weshalb ein Kreuz errichten, wenn es genügt, in groben Zügen eins in einen Stein zu ritzen, der vor Jahrhunderten von den Heiden aufgestellt worden ist? Die Heiden verrichten weiterhin heimlich ihren Kult an einem von den Druiden geweihten Brunnen? Der Diener Christi treibt den Teufel aus dem Brunnen und segnet ihn. Das hat einen doppelten Vorteil: Die gerade Bekehrten können die christliche Andacht an demselben Ort verrichten, an den sie sich immer schon begeben haben, um die heidnischen Götzen zu verehren. Und die verstockten Heiden sind verwirrt, wenn ihren Göttern auf diese Weise praktisch das Siegel der Taufe aufgezwungen wird.

Die armorikanische Gemeinde ist also die Keimzelle einer von einem Missionar ins Leben gerufenen ländlichen Ordnung. Diese Zelle wird jahrhundertelang intakt bleiben, ohne ihre Grenzen zu ändern. Wenn die einstigen Städte an der Küste wiederaufgebaut werden, wird ihr Gebiet zu einer oder mehreren ländlichen Gemeinden gehören, die in gewisser Entfernung im Binnenland liegen.

Und die Städte erheben sich tatsächlich aus ihrer Asche. Die Feudalordnung mit ihren Grafen und »Königen« nimmt Gestalt an. Rom setzt Bischöfe ein, die versuchen, die spontane, um nicht zu sagen anarchische Bewegung der Mönche in geordnete Bahnen zu lenken, und die Zurechtweisung, das »Zurückpfeifen« dieser eifersüchtig auf ihre Unabhängigkeit bedachten Freischärler verläuft nicht ohne Schwierigkeiten. Der heimliche oder auch offen erklärte Krieg zwischen diesen einfachen Bauernpriestern und ihren Bischöfen spiegelt die traditionelle Feindschaft zwischen der Stadt und dem flachen Land wider, zwischen städtischer und ländlicher Ordnung. 515 und 520 fordern die Bischöfe von Tours, Angers und Rennes die »fliegenden bretonischen Priester« auf, auf ihre tragbaren Altäre zu verzichten und verlangen die Weihe von Kirchen. Und es bedarf des energischen Einschreitens des Frankenkönigs Ludwig des Frommen, bis die Mönche von Landèvennec ihrer traditionellen Ordensregel entsagen, um sich der des Heiligen Benedikt anzuschließen.

Diese Missionare sind Vagabunden aus Berufung: Nicht selten sieht man sie von neuem die Sandalen der Wanderschaft schnüren, um auszuziehen und anderswo in Gallien oder Germanien wieder ganz von vorn anzufangen, nachdem sie jahrelang in Armorika gelebt und dort mit Erfolg gewirkt haben, was an dem Abtsstab des Klosters abzulesen ist, das sie gegründet haben und leiten.

Bis ins IX. Jahrhundert hinein wird man sie von weitem schon an ihrer komischen Haartracht erkennen, der »keltischen Tonsur«, die sie trotz des Verbots von Rom beharrlich weitertragen: Der vordere Teil des Kopfes ist kahlgeschoren, nur im Nacken behalten sie einen Pferdeschwanz. Diese originellen, zerlumpten Vagabunden sind vom Willen des Volkes, das wunderschöne Legenden um diese Gestalten ersann, spontan in die Reihen der Seligen befördert worden. Der Bretone – oder Waliser, denn beide gehören demselben Volk an, welches noch heute zu beiden Seiten des Ärmelkanals dieselbe Sprache spricht – hat einen angeborenen Sinn für Wunder und das Volk, das diese Legenden erfunden hat, ist dasselbe, welches die Handlung des Artus-Zyklus, die Tafelrunde und den Gral erdachte. Alle diese wunderschönen Geschichten sind miteinander verbunden und verflochten: Der Vater des Hl. Tugdual ist Hoël der I., Verwandter des König Artus, der Hl. Efflam hilft Artus, einen Drachen zu bezwingen; der Hl. Kenan versucht Artus mit seinem Neffen Mordret zu versöhnen; der Hl. Pol (von Léon) ist der Freund von König Marc'h, Isoldes Gatten; der Hl. Armel lebt im Wald von Brozeliante, wo vor ihm der Zauberer Merlin wohnte, und der Barde Taliesin, der im VI. Jahrhundert in Armorika landet, läßt sich im Kloster von Rhuys nieder, das vom Hl. Gildas gegründet worden war.

Die bretonischen Heiligen erzählen uns wahrlich höchst wunderliche Geschichten.

Wie viele sind es eigentlich gewesen? Sicherlich mehr, als das Jahr Tage hat – obwohl es äußerst schwierig ist, ein wenig Ordnung in dieses Durcheinander von fremdklingenden Namen zu bringen, deren Aussprache für Nicht-Eingeweihte so verwirrend ist: Bili, Bizien und Bodwael; Tergad, Tanguy und Tugdual; Gwendal, Gwiner und Gwénolé; Elven, Efflam und Evarzec; Kléder, Kireg und Karadec; Rivoal, Rioc und Rivoaré... Das Problem wird noch dadurch kompliziert, daß ein- und derselbe Heilige je nach Region verschiedene Namen hat. Wie soll man auf den ersten Blick erraten, daß der Hl. Gwilhou, der Hl. Laou und der Hl. Lom einen gemeinsamen Namen besitzen, daß der Hl. Nonna, der Hl. Vouga, der Hl. Vougay und der Hl. Vio zur selben Person gehören, daß der

Hl. Abibon, der zum Hl. Diboan wurde und noch heute in der Nähe von Pleuvian die Zukunft weissagt, nurmehr unter dem Namen Hl. Tupétu bekannt ist, was bedeutet »einerseits oder andererseits«?

Es ist verständlich, daß es Rom angesichts dieses Zauberwaldes schwindelte, in dem es unangenehm nach eigensinnigem Heidentum roch. Rom hatte nicht unrecht: denn in der Bretagne wurde gegen Mitte des IV. Jahrhunderts Pelagius geboren, der Mönch wurde und sich mit dem Hl. Augustinus anfreundete. Nach Pelagius gibt es keine Erbsünde und die Gnade ist lediglich die Summe aller dem Menschen von Gott geschenkten natürlichen Gaben, vor allem dessen Freiheit, zu der noch die Lehren der Offenbarung und die Predigten Christi zu zählen sind. Der Mensch ist also allein, frei in seinem Tun und voll verantwortlich vor Gott. So wie der griechische Philosoph Plotinus etwa zwei Jahrhunderte zuvor versucht hatte, eine Synthese aus dem antiken Weltverständnis und der christlichen Botschaft herzustellen, paßt Pelagius das Christentum an die Lehre der Druiden an, die auf der völligen Freiheit des Menschen beruht.

Es sei bemerkt, daß es sich dabei um die Gedanken des von Rom am meisten beeinflußten, des »romanisiertesten« bretonischen Theologen handelt. Im Grunde verbreiten die irischen oder walisischen Missionare, die in Armorika an Land gehen, eine Botschaft, die man nur oberflächlich als christlich bezeichnen kann. So sichern sie die Fortdauer des keltischen Weltverständnisses.

Der Hl. Augustinus machte sich zum Sprecher der offiziellen Doktrin Roms wider den Pelagianismus, der von mehreren Konzilen verdammt wurde. »Der Pelagianismus«, wird später Dom Louis Gougaud ausrufen, »ist die nationale Häresie der Bretonen!« (Les chrétientés celtiques, Gabalda-Verlag, Paris). Das ist der Grund, weshalb keiner der Begründer des Christentums in der Bretagne heiliggesprochen wurde. Ab dem XII. Jahrhundert behält sich die Hauptstadt der Christenheit übrigens das Monopol der Heiligsprechung vor, was die Springflut der »vox populi« endgültig eindämmt. Im XVII. Jahrhundert wird zahlreichen bretonischen Heiligen der Gnadenstoß versetzt, wie dem Hl. Derrien, der von den Übeln in den Eingeweiden befreite, oder dem Hl. Mériadec, einem Spezialisten für Ohrenentzündungen, oder aber den Schutzpatronen für gehörnte Tiere, wie dem Hl. Cornély und dem Hl. Herbot. Wo auch nur der geringste Gleichklang, die leiseste Ähnlichkeit in der Aussprache auszumachen ist, stellt man sie ohne viel Federlesens den Seligen gleich, die mit einem ordentlichen römischen Paß ins Paradies eingetreten sind: Aus dem Hl. Alor wird der Hl. Elegius, aus dem Hl. Derrien der Hl. Adrian von Nikomedia, aus dem Hl. Ronan der Hl. Renatus und aus dem Hl. Ninez der Hl. Ignatius von Loyola! Diejenigen, die von dieser entfremdenden Umbenennung verschont blieben, mußten vor den Toren des Himmelreichs warten.

Doch Rom ist weit, sehr weit weg von der Bretagne, deren Volk noch vor gar nicht so langer Zeit mit einer an Blasphemie grenzenden Naivität steif und fest behauptete, daß der Hl. Tugdwal, Tugdual, Tudal oder Pabu, der der Säuberungsaktion der Kurie zum Opfer gefallen war, trotzdem über die Schar der Seligen herrscht und daß, »wenn er nicht Gottvater in Person ist, so nur deshalb, weil er es nicht gewollt hat«.

Am Anfang also waren die Heiligen...

Der Anschluß an Frankreich

Man braucht nur einen Blick auf die Landkarte zu werfen, um festzustellen, wie notwendig die Annektierung der Bretagne für die Herren eines Frankreich war, das ständig mit seinen spanischen und englischen Nachbarn im Krieg lag. Während des ganzen hundertjährigen Krieges taktieren die Bretonen geschickt, um ihre Unabhängigkeit gegenüber den Unterwerfungsversuchen Englands und Frankreichs zu schützen. Ende des XV. Jahrhunderts entdeckt Anna, Herrscherin über ein noch freies Herzogtum Bretagne, den Bundesgenossen, der ihr diese Unabhängigkeit garantieren konnte: das Heilige Römische Reich Deutscher Nation. Am 19. Dezember 1490 heiratet sie Kaiser Maximilian I., den letzten Ritter. Zur Hochzeit, die in Nantes in der Bretagne gefeiert wird, entsendet der Kaiser einen Stellvertreter. Maximilian, der anderweitig beschäftigt ist, läßt sich von einem deutschen Adligen, Wolfgang von Polham vertreten, der symbolisch sein nacktes Bein in das Bett der Herzogin steckt. Der mächtige König von Frankreich entfesselt sofort einen großangelegten Feldzug gegen die winzige Bretagne. Die Bretonen werden geschlagen, die österreichische Ehe wegen »Nichtvollziehens« annulliert, und Anna sieht sich gezwungen, den Sieger, Karl VIII. von Frankreich zu heiraten.

Karl und seine Berater hofften, daß aus dieser Ehe ein Sohn hervorgehen möge, der kraft des »Salischen Gesetzes«, wonach Frankreichs Thron nur auf einen männlichen Erben übergehen konnte, gleichzeitig König von Frankreich und Herzog der Bretagne werden würde. So würden die beiden Länder in *Personalunion* von einem Herrscher regiert werden.

Doch Karl stirbt 1498 ohne männlichen Nachfolger. Sofort begibt sich Anna in ihre bretonische Hauptstadt und gewinnt ihre Unabhängigkeit von Frankreich zurück. Der bereits verheiratete Nachfolger Karls, Ludwig XII. läßt seine Ehe von Rom für nichtig erklären und droht mit einem neuen Krieg gegen die Bretagne. Anna beugt sich abermals der erdrückenden Übermacht des französischen Königreiches, dessen Monarchen sie 1499 ehelicht. Der Ehevertrag zwischen den beiden Herrschern sieht ausdrücklich die Erhaltung der bretonischen »Freiheiten, Gebräuche und Gesetze« vor.

Die Bretagne bleibt ein unabhängiger Staat, der nur durch die Personalunion an Frankreich gebunden ist.

Aus dieser Verbindung wird nur eine Tochter, Claudia von Frankreich überleben, die von ihrer Mutter automatisch das Herzogtum Bretagne erbt, da das Salische Gesetz nur in Frankreich gilt. Um die Personalunion aufrechtzuerhalten, vermählt man Claudia mit Franz von Angoulême, dem Vetter von Ludwig XII., der 1515 Frankreichs Thron unter dem Namen Franz I. besteigen wird.

1531 beschließt Franz einseitig, die Personalunion durch eine *Ewige Union* zu ersetzen, so daß bei einer Erbfolge der König von Frankreich immer auch Herzog der Bretagne wird. Wie sein Vorgänger garantiert Franz nichtsdestoweniger den Schutz der »Rechte und Privilegien der bretonischen Nation«, die ihr eigenes Parlament behält. De facto jedoch betreibt die Verwaltung in Paris jahrhundertelang systematisch die völlige Eingliederung des Herzogtums in die französische Nation. Die größte Mehrheit des bretonischen Bürgertums setzt auf diesen Anschluß. Die kleinen Leute, der niedere Adel und niedere Klerus stehen ihm feindlich gegenüber.

Die Zeit vergeht. Die französische Verwaltungsmaschinerie zermalmt nach und nach die den Bretonen von Ludwig

XII. und Franz I. garantierten »Rechte und Privilegien«. Von 1660 bis 1674 erlegt der Sonnenkönig den Bretonen neue und sehr hohe Steuern auf, ohne vorher die unabdingbare Billigung des bretonischen Parlaments einzuholen. Die Revolte nimmt ihren Lauf: zunächst südwestlich von Quimper, bei einer Versammlung der Abgeordneten von vierzehn Gemeinden, die vor dem Notar das »Bauerngesetz« abfassen. Diese merkwürdige Urkunde untersagt naiv, »der Salzsteuer und ihren Kindern Asyl zu gewähren«; es verkündet die Gleichheit der gesellschaftlichen Klassen, kostenlose Gerichtsbarkeit und Spendung der kirchlichen Sakramente, die Pflichtheirat zwischen adligen Mädchen und Bauernjungen, das Gemeineigentum an Grund und Boden und die Austeilung von Tabak nach der Messe. Es fordert schließlich die Rückkehr zu den »bretonischen Freiheiten«.

Die Bewegung breitet sich aus wie ein Lauffeuer. Die Bauern setzen die rote Mütze auf (114 Jahre vor der Großen Revolution!), bewaffnen sich und stürmen die Städte der Bürger und die Schlösser der Feudalherren. Der Aufstand greift auf die gesamte Bretagne über. Einige Wochen später wird er im Blut ertränkt. Die Vergeltung ist furchtbar: Massenhenken, Rädern, Verurteilung zur Galeere. Die Bretonen lassen den Kopf hängen, sie werden ihn erst hundert Jahre später, nach dem Sturm des Volkes von Paris auf die Bastille wieder erheben.

Die Nachricht von der Pariser Erhebung gegen die Monarchie im Jahre 1789 wird von den Bretonen begrüßt. Ihre Vertreter in der Pariser Nationalversammlung stimmen am 4. August dieses Jahres für die Abschaffung der Feudalrechte..., wobei sie darauf bestehen, daß der internationale Vertrag von 1532 ihrem Land keine Privilegien, sondern Freiheiten einräumte, die eigentlich echte *Rechte* waren.

An dieser Stelle bildet sich der Konflikt zwischen einer auf ihrer Eigenständigkeit bedachten Bretagne und dem jakobinischen Zentralismus heraus. Das Gesetz über die »zivilrechtliche Konstituierung der französischen Geistlichkeit« von 1790, das die Priester verpflichtet, den Treueid auf den Staat (den französischen Staat natürlich) abzulegen, ist für die Bretonen ein großer Schock. Paris dekretiert außerdem die Masseneinziehung von 300 000 Männern zum Heer der Republik. Den Bretonen widerstrebt nun der Militärdienst außerhalb ihres Landes aufs höchste. Äußerstenfalls willigen sie ein, an Ort und Stelle, bei den Gemeindemilizen oder der Küstenwacht zu dienen. Zivilrechtliche Konstituierung und Massenrekrutierung führen 1793 zu dem blutigen Aufstand, der unter der Bezeichnung *chouannerie* in die Geschichte einging. Wie 1675 handelt es sich dabei um einen Bauernkrieg: Das Bürgertum in den Städten ergreift Partei für Paris, der Adel und hohe Klerus für die Monarchie, die kleinen Leute und der niedere Klerus kämpfen für die »bretonischen Freiheiten« und nicht gegen die Republik. Der »bretonischen Heimat« und nicht dem König von Frankreich schwören sie Treue. Daß die Monarchisten ihre natürlichen Verbündeten sein werden, ändert nichts an der Sache. Diese neue Revolte wird ebenso in Strömen von Blut ertrinken, doch braucht man diesmal neun Jahre, um sie niederzuschlagen. Es vergehen danach hundertzwanzig Jahre, bevor sich die Bretonen von diesem Trauma erholen – hundertzwanzig Jahre dumpfer Erstarrung.

Niedergang und Wiederauferstehung der Bretonischen Nation

Die Bretagne, ein blühendes Land zu einer Zeit, in der es aus seiner günstigen Lage zwischen England, Frankreich und Spanien ungehindert Vorteil ziehen konnte, indem es mit diesen Ländern Handel trieb, wird nach der »Ewigen Union« zu einem armen, unterentwickelten Land. Das reiche Frankreich braucht die Bretagne, die es allein aus strategischen Gründen annektiert hat, in wirtschaftlicher Hinsicht nicht. Bis vor kurzem war das einzige auf Anordnung von Paris durchgeführte größere Projekt der Durchbruch des Kanals von Nantes nach Brest; er durchzieht die Bretagne der Länge nach und soll die Versorgung von Brest (dem wichtigsten »französischen« Kriegshafen) im Fall einer Blockade der Küste durch die Royal Navy sicherstellen.

Die kulturelle Assimilierung der Bretonen schreitet unaufhaltsam voran. Die rührigsten, begeistertsten und wirksamsten Helfer dabei sind die Dorfschullehrer. Aus der armen Bauernschaft rekrutiert, im Verlauf einer dreijährigen »Gehirnwäsche« in wahren weltlichen Priesterschulen ausgebildet und indoktriniert, die Vorteile eines echten sozialen Aufstiegs genießend, der sie entwurzelt hat, sind sie davon überzeugt, daß Frankreich das Land der Freiheit, Gleichheit, Brüderlichkeit ist, das Land der Hygiene, Kultur, des Fortschritts, ja sogar des Sozialismus im Vergleich zur rückständigen, schmutzigen, feudalen und ungebildeten Bretagne. Die Dorfschullehrer im Dienst des französischen Kulturimperialismus, der untrennbar mit dem Wirtschaftsimperialismus von Paris verbunden ist, führen einen wahren »Kulturkampf«. Seit der totalen Annektierung 1789 wird die Sprache, die zu jener Zeit noch von der Hälfte der Bretonen gesprochen wird, systematisch verfolgt... und im offiziellen Leben ignoriert. Alle Gesetze und Verordnungen werden auf französisch veröffentlicht, alle Urkunden in bürgerrechtlichen oder gerichtlichen Verfahren werden in dieser Sprache abgefaßt. Und bis zum Ersten Weltkrieg kann man in den Verwaltungsbüros der Bretagne folgende Schilder lesen: »Es ist verboten, auf den Boden zu spucken und bretonisch zu sprechen.« Eine vorsätzliche Beleidigung eines Volkes, das in Wales und der Bretagne – denn, es sei nochmals wiederholt, Waliser und Bretonen bilden ein einziges Volk – Tristan und Isolde, den Zyklus der Tafelrunde und die Sage von der Gralsuche erfunden hat... In Quimper wie in Straßburg, Bayonne, Ajaccio, Algier, Hanoi, Tananarive und Timbuktu lassen die Lehrer ihre Schüler die Geschichte von »unseren Vorfahren, den Galliern« auswendig lernen.

Die Bretagne, das unterentwickelte Land, liefert der Hauptstadt Hilfsarbeiter, Berufssoldaten und Missionare; Dienstmädchen, Nonnen und Huren: alles »Berufe« für Leute ohne Ausbildung. Für die Franzosen ist der Bretone der Prototyp des »Bauern« (plouc): der dreckige, ungehobelte Analphabet, mutig, arbeitsam und ehrlich... weil er zu dumm ist, um auf die Idee zu kommen, etwas zu stehlen.

»Cochon de Breton« (Bretonenschwein) sagt man in Paris, oder »Tête de Breton, tête de cochon« (etwa: dickschädlig wie ein Stier im dt.). Für die Franzosen redet der Bretone *Baragouin* (Kauderwelsch), d. h. eine primitive, barbarische, unverständliche und schwerfällige Sprache, die zudem scheußlich anzuhören ist. Dieses Wort Baragouin stammt von dem bretonischen *bara gwenn* = weißes Brot; jenes Weizenbrot, das die bretonischen Fremdarbeiter, die zu Hause nur schwarzes Roggenbrot mit einem erheblichen Anteil von Stroh aßen, bei ihrer Ankunft in Paris mit Erstaunen entdeckten: »Bara gwenn! Bara gwenn!«

Die bretonische Sprache, die nicht mehr gepflegt, vernachlässigt, verachtet und verboten wird, erlebt einen schlimmen Niedergang, sinkt zu einem Dialekt ab. Ihr Wortschatz verarmt, die Grammatik verkümmert. Dennoch lebt sie mit erstaunlicher Kraft weiter. Trotz der eben beschriebenen kulturellen Unterdrückungsmaßnahmen sprechen 1980 noch etwa 700000 Menschen diese Sprache.

Vom kulturellen Mittelpunkt Paris angezogen, bedient sich die gesamte bretonische Intelligenz der französischen Sprache: Chateaubriand, Lamennais, Renan, Villiers de l'Isle-Adam, Jules Verne, Tristan Corbière... Doch die Botschaft, die diese Schriftsteller in einer fremden Sprache verbreiten, ist noch tief vom keltischen Denken beeinflußt; einem nicht-aristotelischen, mystischen, kosmischen Denken, das vom kartesischen Geist nicht zu durchdringen ist. Das gleiche geschieht übrigens in Irland, einem ebenfalls keltischen Land, in dem die große Mehrheit der Einwohner nun englisch spricht; doch erhält jedes Wort der herrschenden Sprache eine Färbung, eine Aura sui generis: James Joyce kann ruhig auf englisch denken und schreiben, er drückt sich dennoch immer im Rahmen einer Logik aus, die nichts mit der der Angelsachsen zu tun hat. Die Identität überdauert unter dem Mantel einer fremden Sprache.

1839 veröffentlicht Hersant de la Villemarqué unter dem Titel »Barzaz Breiz« eine Sammlung bretonischer Volkslieder, wovon einige bis in die Zeiten der Druiden zurückreichen.

Hören wir uns den »Wein der Gallier« an:

Gwell eo gwin ar Gall
Nag aval…
Gall, d'id, kef ha deil
D'id pez-teil!…
Gwin gwenn, d'id Breton
A galon!…
Gwin ha goad ha red
Enn gefred…
Goad ar C'hallaoued
Eo a red…
Goad ha gwin eviz
Er gwall vriz…
Kehrreim:
Tan! tan! dir! oh! dir! Tan! dir ha tan!
Tann! tann! Tir! ha tann! Tann! tir ha tir ha tann![1]

Und diesen Auszug aus »Nomenoës Tribut«:

Ann neb a venn, hennez a c'hall;
Ann neb a c'hall a gas ar Gall,
A gas ar Gall, a harp he wro.
Hag evit hi ter ha tero![2]

1 Lieber Gallierwein als Apfelwein, lieber Gallierwein!
Gallier, Rebstock und Laub für dich, oh du Mist,
Rebstock und Laub für dich!
Weißwein für dich, treuer Bretone! Weißwein für dich, Bretone!
Wein und Blut fließen gemischt, Wein und Blut fließen…
Es ist das Blut der Gallier, das fließt, das Blut der Gallier!
Feuer! Feuer! Stahl, ach du Stahl! Feuer! Feuer!
Stahl und Feuer!
Eiche! Eiche! Erde und Wogen! Wogen! Erde und Erde und Eiche!
Tan! tan! dir oh dir! Tan! tan! dir ha tan!
Tann! tann! Tir ha tann! Tann! tir ha tir ha tann!

2 Noménoé:
Wer will, der kann; wer kann, verjagt den Gallier,
Verjagt den Gallier, verteidigt sein Land und rächt es
und wird es rächen! …

Gleich, ob die bretonischen Sagen, je nach Epoche, vom Gallier oder vom Franken sprechen, es geht immer um den Franzosen, d. h. den Feind.

Trotz ihres explosiven Inhalts – oder vielleicht auch gerade deswegen – werden die Lieder des »Barzaz Breiz« von der gesamten französischen Intelligenz begeistert aufgenommen. Doch der Staat ist auf der Hut und beeilt sich, diese Bombe durch folkloristische Bombardons (eine Art Tuba) zu ersetzen, da die Folklore, wie jedermann weiß, die Feststellung des Untergangs einer Kultur ist.

Zuerst einmal wird der berühmte »Wein der Gallier« verwässert und zu einem... »Kriegslied der Rothäute« für die französischen Pfadfinder: »Tomahawk, ton nom est guerre, quand on te déterre...«[1] Man mußte nur darauf kommen, nicht wahr?

Platz also für Bombardons und Dudelsäcke! Die Rundhüte, Holzschuhe, Pumphosen und Spitzenhäubchen sollen leben! Und es lebe der Alkohol, der den, der ihm zuspricht, in passiver Betäubung hält.

Der Bretone trinkt? – Ausgezeichnet! Er säuft wie ein Loch? – Noch besser... Der Betrunkene denkt nicht, und einer, der nicht denkt, ist ein guter Soldat: Zwischen 1914 und 1918 verliert Frankreich einschließlich der Bretagne fast 1,5 Millionen Männer auf dem Schlachtfeld – d. h. einen Einwohner auf 28. Die Bretagne allein hat 250000 Tote zu beklagen, einen auf 13 Einwohner.

Die Bretonen sind nicht nur Maschinenfutter, sondern auch das Kanonenfutter par excellence.

Aus dieser Erstarrung wachen sie zwischendurch kurz auf. 1870, als die Deutschen Paris umzingeln, bildet sich eine aus-

1 Tomahawk, dein Name bedeutet Krieg...

schließlich aus Bretonen bestehende Armee, die das französische Oberkommando hinter Le Mans in Kälte und Dreck, im Ungeziefer und von der Ruhr gepeinigt, verkommen läßt. Denn diese bretonische Armee mit ihrem bretonischen Banner, das sie von der Stadt Rennes bekommen hat, beunruhigt die provisorische Regierung der französischen Republik, die sich fragt, ob diese »Bauern« nicht auf den Gedanken kommen könnten, sich für ihre eigene Sache zu schlagen... Die Armee mit dem »gwenn ha du«-Banner (weiß und schwarz: die Farben der Bretagne) wird entlassen. Ihre Überreste kehren nach Hause zurück, den Tod in der Seele und Scheiße am Hintern.

1932, am 400. Jahrestag der »Ewigen Union«, zerstört eine Bombe in Rennes ein Denkmal, das die Bretagne auf Knien vor dem französischen König darstellt. Für den Anschlag zeichnet eine Autonomistengruppe mit dem Namen »Gwenn ha du« verantwortlich!

Das sind die ersten Anfänge der derzeitigen bretonischen Nationalbewegung, deren rechter und linker Flügel sich hinter den jeweiligen Zeitschriften »Breiz atao« (Bretagne immer) und »La Bretagne fédérale« sammeln.

1940, nach der Kapitulation Frankreichs, läßt die Regierung von Berlin in den französischen Gefangenenlagern die Bretonen vom Rest der Herde absondern. Man teilt ihnen mehrere Monate lang eine nationalistisch-faschistische Zeitung mit dem Titel »L'heure bretonne« aus. Hitler flirtet mit dem Gedanken einer Restauration des bretonischen Staates. Die Reaktion der Hauptbetroffenen, der Bretonen selbst, läßt nicht auf sich warten: Die gewaltige Mehrheit der Bretonen lehnt eine Freiheit ab, die von den Waggons des triumphierenden Faschismus abgeladen wird. Außerdem läßt Hitler seinen Plan von einer unabhängigen Bretagne im November fallen, an dem Tag nämlich, an dem Pétain die Kollaboration ganz Frankreichs anbietet. Der Prozentsatz der Kollaborateure ist in der Bretagne genauso hoch wie in Frankreich. Der Prozentsatz der Widerstandskämpfer und deren Wirksamkeit liegt höher.

Doch was bedeuten schon historische Tatsachen, was bedeutet es, daß die große Mehrheit derjenigen, die vor dem Krieg für eine gewisse Autonomie der Bretagne gekämpft hatten, im Untergrund oder mit den Truppen des Freien Frankreich von De Gaulle gegen den Faschismus gekämpft hat! Die 1944 nach der »Befreiung« eingesetzten Behörden werden die Kollaboration einiger Bretonen mit der deutschen Besatzung zum Vorwand nehmen, um eine strenge Säuberung durchzuführen. Man geht sogar so weit, eine Menge von Leuten festzunehmen, die für schuldig befunden wurden, während der Besatzung bretonisch gesprochen zu haben oder Bücher in bretonischer Sprache zu besitzen.

Die von einem neuen Schock getroffene Bretagne zieht sich erneut auf sich selbst zurück, einem jahrhundertealten Reflex gehorchend... bis zur Mitte der sechziger Jahre, wo es plötzlich zu einer wahren Wiederauferstehung des Keltentums kommt.

Zunächst ist das ein kultureller Frühling, der jedoch nichts mit Folklore zu tun hat. In der ganzen Bretagne beginnen junge Leute wieder, ihre Nationalsprache zu lernen; es entstehen Gruppen, die ihr Land im Rahmen nächtlicher Feste unter freiem Himmel neu entdecken. Pumphosen, Rundhüte, Holzschuhe und Spitzenhäubchen, dieser ganze Plunder wird zum Teufel geschickt: Sie tragen Jeans und lange Haare. Sie werfen Dudelsäcke und Bombardons über Bord, sie singen aktuelle Lieder auf bretonisch und begleiten sich auf der Gitarre oder der antiken keltischen Harfe, die jahrhundertelang aus dem Gebrauch gekommen war. Das musikalische Repertoire wird von jungen Komponisten völlig neu geschaffen: Myrddhin, Stivel, Gwernig, Glenmor... ihre Lieder verkaufen sich von New York bis Berlin wie warme Semmeln.

Auch die Schriftsteller bleiben nicht abseits: Jean Markale, Morvan Lebesgue, Pierre Jakes Hélias, Xavier Grall, jeder fordert auf seine Art sein Keltentum.

In der Bretagne gärt es. Es entstehen Untergrundorganisationen, die Anschläge im In- und Ausland planen und durchführen. Am bekanntesten sind die Vorfälle, bei denen ein Mast des französischen Fernsehens in der Bretagne zerstört wurde und in Versailles, wo eine Reihe von Bildern verwüstet wurden, die die »französischen Siege« darstellten.

Die Polizei der Staatsgewalt hat alle Hände voll zu tun: Ermittlungen, Verhöre, Durchsuchungen, Festnahmen, Verurteilungen... Ja, es handelt sich um explosive Demonstrationen einer Minderheit von Bretonen, deren Mehrheit noch nicht von einer Jahrhunderte währenden Entfremdung befreit ist. Dennoch (und das ist bezeichnend) »deckt« die gesamte Bevölkerung die Mitglieder der bretonischen Befreiungsarmee (F.L.B.).[1] Wie im Baskenland kennt jeder die Identität der »Terroristen«, doch wenn die Untersuchungsbeamten kommen, hat niemand was gehört, niemand was gesehen: Man weiß von nichts. Wie Mao-Tse-Tungs Partisanen bewegen sich die Mitstreiter der F.L.B. in ihrem Land »wie die Fische im Wasser«.

Die von Paris gelenkten traditionellen Parteien, die dennoch ihren gewohnten Stimmenanteil bei den Wahlen erhalten, setzen, da sie die Gefahr erkennen, bei der zentralen Staatsgewalt Maßnahmen zur Eindämmung der Radikalisie-

1 F.L.B.: Front pour la Libération de la Bretagne

rung der öffentlichen Meinung durch, die zum Nationalismus tendiert. Es sind einige zögernde Versuche wirtschaftlicher Dezentralisierung zugunsten von Minderheiten zu beobachten, die einem anderen Volk angehören. Die Zukunft wird zeigen, ob diese Maßnahmen wirksam sind oder nicht.

Im Rahmen eines sich auf dem Weg der Einigung befindenden Europas sehen Bretonen, Korsen und Basken den Tag nahen, an dem jede Kultur, jede Nationalität auf ihrer Andersartigkeit bestehen kann. Die Bewußtwerdung von einer »anderen« Identität schreitet bei allen unterdrückten Völkern fort.

Die Rückkehr der Heiligen

Aus alledem läßt sich ablesen, daß der Bretone sich auch in der Entfremdung immer seiner »Andersartigkeit« bewußt war. »Têtu comme un Breton« (halsstarrig wie ein Bretone) heißt es in Paris... Oberflächlich dem kulturellen Phänomen Frankreichs assimiliert, bleibt er im Grunde hartnäckig »anders«. Wie Pierre Jakes Hélias in seinem Buch »Le cheval d'orgueil« schreibt: »Une civilisation ne meurt jamais tout entière, elle continue d'alimenter en profondeur, comme une eau souterraine, les générations qui succèdent à son apparente mort, et elle resurgit tôt ou tard.« (Eine Kultur stirbt niemals ganz, in der Tiefe speist sie weiter, wie eine unterirdische Quelle, die Generationen, die auf ihren scheinbaren Tod folgen, und früher oder später ersteht sie wieder auf.)

Xavier Grall schreibt seinerseits in »Le cheval couché«: »Fils des muets, fils des exilés, fils des gisants, voici venus vos temps… Les tourterelles cinglent, hurlez goélands, marchez les arbres… Aurore de mon pays, je te salue!« (Söhne der Stummen, Söhne der Verbannten, Söhne der Ruhenden… eure Zeit ist gekommen… Die Turteltauben durchschneiden die Luft, schreit, ihr Seemöwen, vorwärts, ihr Bäume!… Ich grüße dich, Morgenrot meines Landes!)

Fremd in einer Welt, die ihm gewaltsam aufgezwungen wurde, lebt auch der angepaßteste Bretone in Frankreich weiter in innerer Emigration, in seiner eigenen Welt: einer Welt, die keine Grenzen kennt zwischen Licht und Dunkelheit, Tag und Nacht, Vergangenheit, Gegenwart und Zukunft, Himmel, Erde und Meer, Mensch, Pflanze und Tier, Gedanken und Gefühl, Traum und Wirklichkeit, Sünde und Gnade, Leben und Tod; der Welt der Tafelrunde und des Gral, der Welt von Tristan und Ossian, der Welt der irischen Sagen, des walisischen Mabinogi, der bretonischen »Heiligen«: der verrückten Welt der Kelten.

Am Ende wie am Anfang werden die Heiligen sein.

Der letzte Drache

Die Fischer, die vom Seewind getragen in diesem Frühling im Jahr der Gnade 692 ans Ufer zurückkehrten, trauten ihren Augen nicht: Aus der Ferne fuhr ein Schiff geradewegs auf sie zu, ohne daß es ein Segel oder Ruder dazu benötigt hätte. Am Bug des Bootes stand eine seltsame Gestalt, in eine Art Sack gehüllt, und sah der Küste entgegen, die Arme verschränkt und die Stirn hoch gen Himmel erhoben.

Als das Boot bis auf halbe Kabellänge an Land gekommen war, berührte der Fremde mit der rechten Hand nacheinander Stirn, Brust und beide Schultern und erreichte dann den Strand, indem er, jawohl, über das Wasser ging.

Zu Tode erschreckt, nahmen die Seeleute ihre Beine in die Hand, um sich im Dickicht zu verstecken, wo sie aus ziemlich sicherer Entfernung den unglaublichen Geschehnissen weiter folgen konnten.

Der Mann, der vom Horizont her aufgetaucht war, warf sich nieder und berührte mit der Stirn den Sand, er erhob sich wieder, beschrieb noch einmal das seltsame Zeichen von vorher und begann aus vollen Lungen zu singen, mit aller Kraft, und seine spröde und schöne Stimme schien mit unbekannten Worten den Untergang eines vollendeten Zeitalters und den Beginn einer neuen Ära anzukündigen. Für einen kurzen Augenblick hörte der Wind auf die Zweige zu bewegen, die Wellen brandeten nicht mehr ans Ufer, und die Seevögel, die nicht mehr mit den Flügeln schlugen, blieben am Himmel festgenagelt.

Stille.

Der Wind begann wieder zu wehen, die Wellen zu branden,

die Vögel mit den Flügeln zu schlagen. Die Zeit nahm ihren Gang wieder auf.

Der Fremde war von hoher Gestalt und kräftig gebaut. Seine knochigen Glieder endeten in übergroßen Händen und Füßen. Sein von Sonne, Wind, Staub und Gischt gegerbtes Gesicht und sein Schädel waren völlig glattrasiert, bis auf seinen Hinterkopf, von dem eine Pferdemähne fast bis zur Taille reichte. Auch seine leicht schräg stehenden Augen, sein hervortretendes Gebiß, die großen spitzen Ohren und die hoch angesetzte Nase mit den weitoffenstehenden und zitternden Nüstern erinnerten an das Aussehen eines Pferdes.

Seine Stirn war aus Sonne, aus Stein seine Kinnbacken.

Er hieß Mével, was soviel heißt wie der Sohn des anderen, des Schildknappen. Er war der Schildknappe Christi. Er befand sich auf dem Weg zur Heiligkeit.

In jener Zeit lagen die alten Götter im Todeskampf.

Aus Irland und Wales stammend, hatten zahlreiche Boten des neuen Glaubens schon das Meer überquert, um die Heiden der Bretagne zu bekehren. Man erkannte sie schon von weitem an ihrer ungewöhnlichen Kleidung und dem Haarschnitt, an ihrem zugleich demütigen und hochmütigen Gang – demütig, weil sie sich ausschließlich als Diener ihres Herrn betrachteten, hochmütig, weil sie davon überzeugt waren, in seinem Namen zu sprechen.

Zuerst einsam lebend, zogen diese schlecht gekämmten Hausierer des Glaubens, diese zerlumpten Vagabunden der Heiligkeit allmählich die Bauern, Hirten und Fischer in ihren Bann, die von dem Honig ihrer Worte und dem Duft ihrer Tugenden verführt wurden; auch von ihren Wundern, die genau auf das Maß ihrer Augenzeugen zugeschnitten waren.

Sie pflegten Tiere und Menschen, heilten die Guten vom

Übel in ihren Eingeweiden und schlugen die Bösen mit schlimmen Koliken; sie feierten Messen für ihren Gott sowohl an Wegkreuzungen als auch auf einem Dolmen, in einer Kapelle als auch auf dem Rücken eines Walfisches auf hoher See, sie zwangen den Teufel, eine Kapelle oder eine Brücke zu bauen und unterwarfen die wilden Tiere, sie trieben die Druiden aus den heiligen Brunnen aus und ließen neue Quellen hervorsprudeln, sie bewegten sich zu Fuß, auf dem Rücken eines Esels oder auf einem geflügelten Pferd fort, sie fuhren mit Booten aus Weidengeflecht oder auf Steintrögen, sie ließen die Toten auferstehen und riefen ein Schwein von der anderen Seite des Todes zurück, sie befreiten eine ganze Landschaft von der Schlangenpest und verbannten Nixen und Drachen aus dem Land.

Sie hatten Schule gemacht, unzählige Jünger angezogen, die sich nach ihrem Beispiel auf den Weg machten und das Land der Bretagne in allen Richtungen durchstreiften; das Land, das sie mit ihrem Namen gebrandmarkt hatten: Bili, Bodwael und Brioc; Kléder, Korentin und Kadoc; Ronan, Rivoaré und Rioc; Armel, Brendan und Karadec; Hervé, Gildas und Mériadec; Tergad, Tugdual und Tanguy; Gwendal, Gwiner und Gwenolé; Elven, Efflam und Evarzec; Malo, Maudez und Mélar, und viele andere mehr...

Die alten Götter hatten ihr Haupt gesenkt, sie hatten allmählich ihre Farben und Konturen verloren, waren verblaßt, hatten sich aufgelöst, in Nebel verflüchtigt. Die goldbemoosten Steine und Brunnen, wo sich früher ihre Gläubigen versammelten, trugen nun das Siegel des Kreuzes. Ihre Namen vermischten sich langsam mit denen der Heiligen der letzten Tage, die von der anderen Seite des Meeres gekommen waren. Der Wald von Brocéliande blieb weiterhin verzaubert, aber seine Bäume hatten andere Namen bekommen, wie auch die alten Götter die ihren verloren hatten. Die alten Götter ließen keine Gnade mehr walten und vollbrachten keine Wunder mehr. Der einzige Ort auf der Halbinsel, an dem noch ein fahler Schatten ihres Zaubers von früher übriggeblieben war, war der Punkt an der Küste, wo Mével gerade gelandet war.

Spät gekommen, fast zu spät, brannte in Mével derselbe Eifer wie in seinen Vorgängern. Er hatte es eilig, seine Probe zu bestehen, indem er die letzte Wurzel des Druidenwaldes, die schon zu drei Vierteln verfault war, herausriß.

Mével verließ das Ufer und drang festen Schrittes ins Landesinnere ein. Während er ging, erahnte er die Gegenwart eines Volkes, das bei seinem Näherkommen in den Büschen verschwand und ihn belauerte. Er wußte, wohin er ging: Im Traum hatte er den Ort gesehen, wo in der Aushöhlung einer Klippe der Drache lebte, von dem er das Land befreien wollte.

Er war der letzte seiner Art, so alt, daß er selbst die Zahl seiner Jahre nicht mehr wußte. Seine narbenzerfurchte Haut, sein zerfetzter Kamm, seine durchlöcherten Flügel hingen wie Lappen um sein dürres Skelett. Seine einstmals mit Krallen versehenen Tatzen und der Stummel seines Schwanzes waren bloß noch blutige Stümpfe. Seine letzten Schuppen waren schon vor langer Zeit abgefallen und seine letzten Zähne hatte er schon längst ausgespuckt. Zu schwach, sich zu bewegen, hatte er schließlich darauf verzichtet, seine Höhle zu verlassen, wo er langsam inmitten seines Drecks auseinanderfiel und das Stroh seiner Erinnerungen wiederkäute. Er war taub. Er war blind. Er stank.

Er hatte tausendundeinen Kampf gegen Ritter ohne Furcht und Tadel überlebt, die, weil sie ihm von Angesicht zu Angesicht gegenübergestanden hatten, gespickt mit Wurf- und

Faustwaffen, gepanzert mit Eisen und Zaubersprüchen, es niemals geduldet hätten, daß man an seinem Vorhandensein zweifelte. Nun war er nur noch die fast erloschene Glut seiner Erinnerung, die unter der Asche des schwachwerdenden Gedächtnisses einiger Greise begraben lag, die wie er an Altersschwäche und Verkalkung litten.

Bevor er in die Höhle trat, flehte der Schildknappe Christi den hl. Michael an. Er bekreuzigte sich dreimal und riß aus dem nahen Dickicht einen kräftigen Schwarzdornstock ab, der von oben bis unten mit scharfen Spitzen übersät war.

Der Feind schien seine Ankunft nicht einmal bemerkt zu haben. Schlief er, war er taub oder blind. Mével ging auf das Ungeheuer zu. Der Gestank war unbeschreiblich.

»Ich bin Mével, der Schildknappe Christi«, sagte Mével. »Im Namen des gütigen Jesus, meines Herrn und Meisters, aufstehen!«

Der Drache reagierte nicht. Er reagierte auch nicht auf den wütenden Stockhieb, den ihm der Soldat des Himmels zwischen die Nüstern versetzte.

Ich bin zu spät gekommen, stellte Mével mit Bitterkeit fest. Der letzte Drache hat nicht auf mich gewartet, um zu sterben.

Rasend vor Wut schlug er mit dem Dornenstock auf den armseligen zerfallenden Aashaufen ein, aus dem Rinnsale grünlichen Blutes sickerten.

Er blutet, Gott sei Dank! Also ist er noch nicht ganz tot, frohlockte der, der von ganzer Seele nach der Heiligkeit strebte. Vielleicht ist er noch fähig, zu leiden.

Die Schläge wurden doppelt heftig. Der alte Drache stieß einen langen tiefen Seufzer aus und langsam – ah, ganz langsam – erhob er sein blindes Haupt zu seinem Peiniger.

»Steh auf und lauf!«

Der Kopf des Drachen fiel kraftlos herab.

Fassungslos dachte Mével an die ruhmvollen Schlachten seiner Vorgänger gegen die Kreaturen der Hölle, dann begann er das Gebet des hl. Efflam aufzusagen, das dieser gesprochen hatte, als König Arthur vergeblich dem Drachen standzuhalten versuchte.

Herr Jesus Christ, der den Aposteln gesagt hat, daß sie in deinem Namen Schlangen ausmerzen können, erhöre unser demütiges Flehen und befiehl, daß dieses Land von den Unannehmlichkeiten befreit werde, die dieser Drache ihm bereitet, und daß es dir ewig diene, dir, der du mit Gottvater und dem Heiligen Geist lebest und herrschest in alle Ewigkeit. Amen!

Welch ein Hohn. Es stand völlig außer Frage, daß dieses armselige Stück Aas auf das Gebet reagieren würde, so wie es Efflams Feind getan hatte, der einen Felsen erklommen hatte, furchtbar mit den Augen gerollt, schreckliche Töne von sich gegeben und endlich mit gesenktem Kopf ungeheuer viel Blut gespuckt hatte, bevor er ins Meer stürzte und vom Wasser erstickt starb.

Der Schildknappe Christi brach in einem Winkel der Höhle zusammen, bedeckte sein Gesicht mit dem Schoß seines Rokkes, und da er alles Beten verlernt hatte, weinte er.

»Und nun, was wirst du tun, Fremder?«

Die Frau, die Mével auf diese Weise anredete – wie war sie eigentlich hereingekommen? – mochte kaum zwanzig Jahre zählen. Sie war nicht sehr groß, besaß breite Hüften, einen zierlichen Oberkörper und robuste kräftige Hände und Füße. Sie hatte eine niedrige Stirn, hervorspringende Backenknochen, eine hochmütige Nase, große und sehr weiße Zähne, und ihre Unterlippe hatte seltsamerweise einen doppelten Rand. Der falbe Busch ihrer Haare war von Efeu umrankt. In der rechten Hand trug sie ein Szepter von blühendem Weißdorn. Ihr meergrüner Blick glich einer aufgewühlten See.

»Was wirst du nun tun?« wiederholte die Frau.

Mével beschrieb mit der Hand eine vage Geste und antwortete nicht. All seine Sicherheit wollte ihn verlassen. Er war Christus auf dem Ölberg und seine Seele betrübt bis in den Tod.

Die Frau ging auf den alten Drachen zu und streifte liebkosend sein Maul, und der alte Drache leckte ihr die Hand.

Den Fremden nicht beachtend, bat die Frau das Ungeheuer, sich zu erheben, und ihre Stimme, die beinahe bei jedem Wort zu brechen schien, war voller Sanftmut, Zärtlichkeit und Mitleid.

Ein krampfartiges Zittern durchzuckte die Bestie, deren Knochengerüst in allen Fugen krachte, als sie sich schwerfällig auf die Füße richtete. Sie stand nun aufrecht, das Maul zur Frau hingewendet, und aus ihren toten Augen quollen blutige Tränen.

Die Tränen, die Mével vergoß, waren Tränen der Wut und der Enttäuschung, der Speichel, der ihm hochkam, war eitel Gift und Galle.

»Du gibst vor, uns die Botschaft eines Gottes der Liebe zu bringen«, sagte die Frau mit ihrer zerbrechlichen Stimme, »aber du bist brutal und grausam. Und feige dazu. Dein Mund ist ein Quell der Lüge und der Pestilenz, dein Herz ein Abgrund der Fäulnis.«

»Ich bin nur der Diener meines Herrn«, sagte Mével demütig.

»Du platzt vor Stolz«, sagte die Frau.

»Ich bringe euch das Licht«, sagte Mével. »Ich bringe das große reinigende Feuer in alle vier Winkel dieses Waldes der Finsternis.«

»Den Wald«, sagte die Frau, »dem reißt ihr Wurzel um Wurzel heraus, du und deinesgleichen, um eurer lächerlichen

Karottensaat Platz zu schaffen, genauso wie ihr unserem Gedächtnis unsere Sagas entreißt, um uns mit euren kindischen, stupiden Kirchenliedern zu verdummen. Aber der zwiefache Wald unserer Bäume und Träume wird stärker sein als ihr, alle eure Karotten und Kantiken. Ihr braucht ihn nur einen Augenblick aus den Augen zu verlieren, und ihr werdet erleben, wie seine im Schoß der Erde haftenden Wurzeln und auch seine eigenwilligen Zweige im Sternenfeld von neuem erwachsen. Götter kommen und gehen, der Wald aber bleibt. Er ist ewig!«

»Lästerung!«

»Prophezeiung!«

»Ich habe mit dir nichts gemein, Weib!«

»Hau ab, Mönch!«

»Ich werde wiederkommen!«

»Ich bezweifle es.«

Als er wieder an dem Punkt der Küste angekommen war, wo er einige Stunden zuvor gelandet war, wollte Mével (ach Gott, laß mich wenigstens dieses letzte Wunder vollbringen!) sein Boot erreichen, indem er über die Kronen der Wellen schritt.

Doch da erschien auf der Schwelle der Höhle die Frau, und die Frau erhob im Kelch ihrer Hände das Ei zur Sonne, das der letzte Drache vor seinem Tod zur Welt gebracht hatte.

Genau in diesem Augenblick öffneten sich die Wellen unter den Schritten des Schildknappen Christi und er verschwand ganz plötzlich, verschlungen von den Wassern.

Morganas Geschenk

Es war Flut, als die Glocke das Ende der Pause für die Mönchlein läutete, die unter lautem Geschrei die Beine in die Hand nahmen und unter dem Stock des alten Laienbruders, der sie zu beaufsichtigen hatte, auf den Hof ihres Klosters stürzten.

»Zu zweit aufstellen und ein bißchen Haltung, Kinder!«

Er hätte genausogut auf einer Schweinsblase Dudelsack spielen können. Halb blind und taub, besaß der alte Mann nicht die geringste Handhabe gegen seine Schüler, die er anbetete, was sie sehr gut wußten und es ihm auch vergalten. Es herrschte also die allergrößte Unordnung, als sie das Klassenzimmer betraten, wo sie unter heftigem Gerangel ihre Plätze in den Bänken einnahmen.

Es wurde plötzlich still als Pater Tudal eintrat, der Novizienvorsteher und Lehrer für Schönschreiben war; von seinen Schäfchen Pater Maulschelle genannt, weil ihm bei seiner Erziehung oft die Hand ausrutschte.

»Vater unser, der du bist im Himmel...« Als das Gebet beendet war, holten die Schlingel ihre Schiefertafeln aus den Pulten: die Schreibstunde fing an.

Mit einem Stück weichen Kalk begann Pater Maulschelle auf einem mit Kienruß geschwärzten Brett den mit allen seinen Voll- und Haarstrichen abzuzeichnenden Buchstaben aufzumalen. Erst nachdem man die Schwelle des Noviziats überschritten hatte, wurde dem Nachwuchs die Ehre – die Verantwortung – zuteil, auf Pergament mittels eines solchermaßen geschnitzten Schreibrohrs zu arbeiten, daß die Üppigkeit oder Zartheit des Strichs keinerlei Schwierigkeiten mehr bot. Für den Augenblick erhielt man die dicken Linien dadurch, daß man erst zwei parallele Striche zog, deren Zwischenräume man hinterher mit Kreide ausfüllte, um das Schwarz des Schiefers zu verdecken. Und wehe dem, dem das Mißgeschick widerfuhr, über die vorgezeichneten Linien des Buchstabenrumpfes hinauszugeraten!

Der Pater begann, zum tausendsten Male in den dreißig Jahren seiner Lehrtätigkeit, vorzukauen, daß das Wort Unzialschrift von dem lateinischen Wort *uncialis* abstamme, was Zwölftel bedeutet.

»Ein Zwölftel von was, Malo?« fragte der Pater, ohne sich zu seinen Schülern umzuwenden.

Schweigen.

»Ein Zwölftel Fuß doch wohl, oder?«

Schweigen.

»Das heißt mit anderen Worten ein Zoll, was genau die Höhe eines jeden Buchstaben angibt«, triumphierte der Pädagoge, die Nase immer noch an seiner schwarzen Tafel. »Wiederhole, was ich gesagt habe, Malo.«

»Der Malo ist nicht da, Pater, er treibt sich noch am Strand herum«, antwortete ein Mönchlein.

»Zweihundert Vater unser kniend auf harten Seeschnekken!« erwiderte der Lehrer mechanisch, bevor er sich über die Tragweite dessen, was er gehört hatte, klargeworden war.

»Jesus Maria und Joseph!«

Die Alarmglocke schrillte und fünf Minuten später fand sich die ganze Gemeinschaft am Strand ein, der sich am Fuß des Klosters erstreckte.

Der schmale Sandstreifen, den die Flut noch freigelassen hatte, war leer.

»Wo war Malo, als ihr ihn das letzte Mal gesehen habt?« fragte Pater Brendan, der die Leitung der Suche übernommen hatte.

»Er schlief auf einem Tanghaufen, Herr Abt, und schnarchte wie ein Dutzend Drohnen«, antwortete eins der Kinder.

»Warum habt ihr ihn nicht geweckt, als die Glocke läutete?«

»Wir haben nicht daran gedacht, Herr Abt, wir hatten ihn vergessen, wir sind schnell zurückgelaufen, weil der Pater Maul... der Pater Tudal es gar nicht liebt, wenn man sich verspätet.«

»Und Sie?« schalt die Stimme des Abtes in die Richtung des alten Aufsehers. Aber der Alte machte einen so verzweifelten Eindruck, daß der Abt die Galle, die in ihm hochstieg, herunterschluckte.

»Sehen Sie doch mal, dort drüben, Herr Abt!«

Der Mönch, der gerade gesprochen hatte, zeigte mit dem Finger auf eine Art Hügel, der kaum aus den Wellenkronen herausragte, an einer bis dato von Inseln und Felsen völlig freien Stelle, und auf diesem Hügel konnte man die Gestalt eines schlafenden Kindes erkennen. Und da: Wie von einer unsichtbaren Macht getrieben, begann der Hügel sich auf den Strand zuzubewegen, wo er dann angeschwemmt wurde. Auf einem Haufen Tang ausgestreckt, schlief Malo weiter, die Fäuste geballt, so als schliefe er im Mutterleib. Er kam erst zu sich, als der alte Laienbruder ihn schluchzend vor Freude in seine Arme nahm, um ihn ins Kloster zu tragen.

Von diesem Tag an wußte jedermann, daß die Hand der Vorsehung ihr Siegel auf die Stirn des Kindes gedrückt hatte.

Malo wurde ein Musternovize, wie aus der eher pietäts- als stilvollen Chronik hervorgeht, die vor mehr als dreihundert Jahren von Pater Albert le Grand vom Orden der Prediger verfaßt wurde und deren Berichte sich auf älteste Überlieferung stützen:

»Seine Wonne war das Gebet, was er nur unterbrach, um zu seinen Büchern zu gehen; und als er lateinisch zu verstehen begann, hatte er die Hl. Schrift ständig vor Augen; und wenn er manchmal Bücher von heidnischen Dichtern und Philosophen las, so ließ er sich doch nie von ihren Ideen beeindrukken, er zog die Wissenschaft der Heiligen der eitlen Philosophie der weltlichen Weisen vor. Er begab sich so leidenschaftlich und selbstzufrieden an Gebet und Studium, daß die Leidenschaftlichkeit seines Eifers auch sein Äußeres ergriff, denn wenn es auf dieser nördlichen Insel kalt und stürmisch war, wenn seine Mitschüler beim Verlassen der Schule oder der Kirche völlig durchfroren waren, blieb er fröhlich und von frischer Gesichtsfarbe, ohne sich in die Nähe des Feuers begeben zu wollen, so sehr brannte die Flamme der göttlichen Liebe in seinem Herzen.«

In dem nämlichen Kloster empfing Malo am Ende seines Novizentums das Ordensgewand aus den Händen des Abtes Brendan im Jahr der Gnade 520. Von den tausend Beispielen, die seine Gutherzigkeit und Gutmütigkeit veranschaulichen, sei nur das folgende wiedergegeben:

Es geschah nun, daß Malo, der in einem Walde spazierenging und dabei sein Psalter, das er ganz und gar auswendig wußte, rezitierte und darüber nachsann, einem Heiden begegnete, der sich vor der sterblichen Hülle eines Mutterschweines die Haare raufte:

»Weh mir, welch ein Unglück ist über mich armen Teufel gekommen!« stöhnte der Knecht. »Die schönste Sau meines Herrn! Hochschwanger und kurz davor, ihre Jungen zu werfen war sie, schön rund wie eine Blutwurst, und wenn sie in dem Zustand sind, dann jucken ihnen die Zitzen so sehr, daß sie ihren Bauch immer über den Boden schleifen, die Huren, denn sie können sich ja nicht kratzen, wie wir das machen, wenn es uns irgendwo juckt. Sie wissen das vielleicht nicht, Herr Mönch, aber die Zitze ist die empfindlichste Stelle bei einer Frau und sich da wie sonstwo und sonstwas zu kratzen, da holen sich diese verdammten Weiber blitzschnell den heimtückischen Wolf, und das gibt schlimme Wunden, in denen sich bald der Dreck festsetzt und dann gute Nacht, gnädige Frau mit Tracht!

Seit acht Tagen wurde ich nicht müde, sie mit der Spitze meines Stocks zu traktieren, Herr Mönch, wenn dieses Fräulein sich bäuchlings in Dornen oder die Steine auf dem Weg fallen lassen wollte, und das auch noch, ohne den Rest der Herde aus den Augen zu verlieren, damit mir auf dem Heimweg vom Eichelschmaus nur ja keins fehlt, sonst wehe mir. Mein gnädiger Herr hat mehr Mitgefühl mit seinen Schweinen, die schwerer zu ersetzen sind, als die Leibeigenen, die auf seinem Land wimmeln wie die Läuse auf ihrer Haut, so pflegt er zu sagen.

Ich habe sie also ständig traktiert, war immer auf der Hut und habe schließlich die Geduld verloren und ihr einen Stein auf den Kopf geworfen, der sie ganz unglücklich traf, und sie ist mir mit einem Mal ins Jenseits gewandet. Weh mir, weh mir, Herr Mönch, das schönste Mädchen der Herde und ganz sicher werde ich heute abend an einem Ast baumeln, außer wenn mein Herr in ausgelassener Stimmung ist, dann wird er sich damit begnügen, mir die Ohren abschneiden zu lassen.«

Von der Verzweiflung des armen Teufels gerührt, schickte Malo folgendes flehentliche Gebet zum Himmel:

»Es liegt mir fern, Herr Jesus, mit deinen göttlichen Wundern Schindluder zu treiben. Ich bitte dich lediglich, in Betracht ziehen zu wollen, daß dieser unglückselige Heide heute abend vielleicht sein Leben verliert, ohne das Licht deines Evangeliums erblickt zu haben. Ein totes Schwein aufzuerwecken ist zweifellos weniger aufsehenerregend als einen toten Menschen ins Leben zurückzurufen, und böse Zungen könnten Zeter und Mordio brüllen. Aber dieser Eingriff in die Tiergattung wird die natürliche Ordnung der Dinge wahrscheinlich weniger stören, solange er von deiner göttlichen Vorsehung vorgenommen wird, als es eine ähnliche Tat auf menschlicher Ebene tun würde, wie beispielsweise die Auferstehung dieses armen Heiden, nachdem ihn sein gnädiger Herr hat aufhängen lassen. Deshalb wage ich dich zu bitten, Herr Jesus, den leichteren Weg zu gehen und dieses unschuldige Seelchen zurückzurufen, das im gnaden- und sündenlosen Vorhimmel schwebt.«

Nachdem er sich bekreuzigt hatte, steckte der Mönch die Spitze seines Stabes in das eine Ohr der Sau, die sofort wieder auferstand, während der ungebildete Heide, erleuchtet von der Gnade, mit lauter Stimme und auf lateinisch die Ehre des wahren Gottes pries.

Die Wunder, die der Mönch durch seine Fürsprache vollbrachte, waren so zahlreich, daß des Volkes Stimme nicht darauf wartete, bis der Herr ihn zu sich rief, sondern ihn sogleich in die Schar der Seligen einreihte.

In Begleitung des hl. Abt Brendan begab sich Malo eines Tages auf See, um die Inseln der Seligen zu entdecken, die im Altertum bekannt waren und von denen einige Verfasser behaupteten, sie befänden sich vor der Küste Westafrikas, während andere sie wiederum nach Nordschottland verlegten, und die beiden Mönche hatten sich vorgenommen, die Botschaft des Herrn in diese abgelegene Gegend zu bringen. Beide schifften sich nun an Bord eines hochseetüchtigen Bootes zusammen mit achtundsiebzig weiteren Personen ein; sie liefen aus und der Wind stand günstig.

Nach langen Tagen einer ruhig verlaufenen Seereise bemerkten sie am Ostertag eine Insel, auf die sie sich mit ihrem Gefolge begaben und wo sie einen Altar errichteten, um die Heilige Messe zu feiern.

Da begann aber die ganze Insel auf einmal zu beben, zu schwanken, zu schnauben und sich so heftig zu bewegen, daß die ganze Schar der Gläubigen, zu Tode geängstigt, laute Schreie ausstieß und verlangte, sogleich wieder auf den sicheren Boden des Schiffes zurückkehren zu dürfen. Darauf entgegnete Malo, daß sie sich nicht beunruhigen sollten und fuhr unbeirrt fort, die Messe zu feiern, und die Predigt, die er an diesem Tage hielt, handelte von dem Wort des Herrn an die Pharisäer: Es wird ihm kein anderes Zeichen gegeben werden, als das Zeichen des Propheten Jonas.

Ite, missa est... Alle gelangten wieder aufs Schiff und nun geschah folgendes: Die Insel, die sie gerade verlassen hatten, löste sich plötzlich aus der Umschlingung des Meeres und vollführte einen sehr hübschen Purzelbaum aus dem Wasser, und, wieder zu den Wellen zurückkehrend, nahm sie Kurs auf den Westen unter wunderschönen Luftsprüngen und verrückten Kapriolen, um schließlich am Horizont zu verschwinden. Erst da wurden die Anwesenden gewahr, daß sie als sicheren Hafen in Wirklichkeit einen Walfisch der Gattung des großen Leviathan angelaufen hatten, der die Sintflut überlebt hat und bis ans Ende der Welt überleben würde.

Dem Leser, der versucht sein sollte, die Echtheit dieses Wunders in Zweifel zu ziehen, wollen wir das Zeugnis der Seligen Ambrosius und Basilius wiederholen, die beide Kirchenväter waren und beide das Vorhandensein von Walen in der Atlantischen See bestätigten, die von den Seeleuten ihrer ungeheuren Größe wegen oft für Inseln gehalten wurden.

Am Tag nach diesem Ereignis erschien gegen Mittag am

Horizont eine andere Insel, die zwischen Himmel und Meer zu hängen schien. Auf die furchtsamen Schreie, die diese Erscheinung bei ihren Mitreisenden auslöste, entgegneten Brendan und Malo, daß es sich dabei um eine völlig natürliche Erscheinung handele, die der Entfernung der Insel und der Stärke des Lichts zuzuschreiben sei und daß kein Grund zur Aufregung bestünde. Und tatsächlich, je mehr sich das Schiff der Insel näherte, desto mehr bewegte diese sich ihrerseits auf die Meeresoberfläche zu. Die Mitreisenden der beiden Mönche konnte das aber nicht beruhigen, denn es gab an diesem warmen Nachmittag keine natürliche Erklärung für den Nebel, der die Insel vollständig einhüllte, und dieser Nebel war unwirklich, wie jener, der an Herbstabenden über gepflügten Feldern schwebt und in dessen Mitte ein verspäteter Spaziergänger manchmal den höllischen Schein von Flammen erkennen kann, die den Sabbat tanzen, und er ahnt um sich her die Gegenwart von furchteinflößenden Mächten, die von der anderen Seite der Welt gekommen sind, um auf Erden die guten Christen zu verschrecken.

In Anbetracht der allgemeinen Erregung wurde beschlossen, daß Brendan an Bord bleiben solle, um die Mannschaft und die Passagiere zu beruhigen, während Malo die unbekannte Insel aufsuchen würde.

Kaum hatte Malo seinen Fuß auf die Insel gesetzt, als er in einem Nebelschwaden eine Frau vor sich auftauchen sah, die kaum zwanzig Jahre zählen mochte. Sie war nicht sehr groß, besaß breite Hüften, einen zierlichen Oberkörper und kräftige Hände und Füße. Sie hatte eine niedrige Stirn, hervorspringende Backenknochen, eine hochmütige Nase, große und sehr weiße Zähne, und ihre Unterlippe hatte seltsamerweise einen doppelten Rand. Ihr meergrüner Blick glich einer aufgewühlten See. Der falbe Busch ihrer Haare war von Efeu umrankt. In der rechten Hand trug sie ein Szepter von blühendem Weißdorn, mit der linken Hand hielt sie ein Einhorn an der Leine.

»Ich bin Malo, Diener des Herrn Jesus Christi«, sagte Malo und redete aufs Geratewohl lateinisch, denn er wußte ja nicht, in welcher Sprache sich die Einwohner dieser Insel unterhielten.

»Ich bin Morgana«, antwortete die Frau auf bretonisch, »Hüterin der vergangenen Geheimnisse.«

»Der gütige Herr Jesus, mein Herr«, sagte Malo in derselben Sprache, »ist nicht auf die Erde gekommen, um diese Geheimnisse mit der Wurzel auszureißen, sondern um sie Früchte hervorbringen zu lassen. Wenn ich recht verstehe, ist dieses Stück Erde die letzte Zuflucht derer, die vor unsrem Gott da waren, und der Nebel, der sie einhüllt, ist derselbe wie im Vorhimmel, wo sie schlummern.«

»Wo sie auf ihr Erwachen warten«, sagte Morgana, und Malo erwiderte:

»Der Tag ist gekommen. Ich wecke euch auf. Ich bringe euch das Licht. Mögen die, deren Geheimnisse Sie hüten, bloß erkennen, daß sie die Vorläufer meines Herrn waren – was übrigens weder Lüge noch Lästerung ist – und sie würden sehen, wie sich die Pforten zu seinem Reich ihnen weit öffneten. Sein Haus ist groß und hat gemäß seinen Worten viele Wohnungen. Es gibt sicherlich noch eine, um sie darin aufzunehmen.«

»Und unsere Gefährten, die Drachen, die Nixen, die Bockshirsche, die Flügelrösser, und mein Brüderchen, das Einhorn, alle diese Chimären, die wir seit mehr als zweitausend Jahren reiten?« fragte Morgana.

»Auch wir haben unsere Chimären«, sagte Malo.

»Aber die euren haben keinen Zutritt zum Himmelreich,

nicht wahr? Was ist aus dem Wal geworden, der euren eigenen Propheten Jonas vor den Fluten gerettet hat, was aus dem geflügelten Roß, das euren hl. Tugdal durch die Lüfte getragen hat?«

»Ich sehe, daß Sie gut Bescheid wissen, meine Dame... Wir können vielleicht einen Mittelweg finden. Gott ist die Liebe und...«

»Du kommst mir gerade recht mit deinem Mittelweg, Mönch«, rief Morgana bitter. »Warum schafft man im Reich deines Herrn eigentlich nicht ein durch einen dreifachen Zaun gut abgeschirmtes Reservat zur Unterweisung und Belustigung eurer Engel mit einem Schild über dem Eingangstor: ›Zoologischer und terratologischer Garten. Seid gut zu den Tieren. Füttern verboten!‹ Warum eigentlich nicht, he?«

»Sie sind grausam«, sagte Malo.

»Im Gegenteil, ich bin sehr zart besaitet. Es wäre schändlichster Verrat und eine unaussprechliche Gemeinheit, darin einzuwilligen, in euren glorreichen Himmel einzutreten und dabei am Tor die zurückzulassen, die unsere Diener und Gefährten waren. ›Willst du mich lieben, so liebe zuerst meinen Hund!‹, sagen selbst die sächsischen Barbaren, die euch so viel Böses angetan haben. Willst du mich an deine Tafel einladen, so öffne meinem Einhorn deine Tür. Das ist mein letztes Wort.«

»Ich bin nur ein armer Mönch ohne Einbildungskraft«, erwiderte Malo, »aber ich verstehe in gewissem Sinne das, was Sie sagen wollen, und kann es nicht auf mich nehmen, Sie zu tadeln. Ich bin untröstlich...«

»Ich bin dir nicht böse, Mönch, ich bitte dich nur, uns unsere Träume zu lassen und deine Schritte woandershin zu lenken. Wir werden, solange es nötig ist, auf die von unseren Weisen und Zauberern angekündigte Morgenröte warten.

Aber bevor du gehst, will ich dir ein Geschenk als Andenken an eine gewisse Sau machen, die du um eines armen Teufels willen aus dem Jenseits abberufen hast.«

»Sie erlauben, meine Dame, daß ich Sie segne?«

Die Frau gab keine Antwort.

Sie beugte auch nicht das Haupt, als der Mönch das Zeichen des Kreuzes über sie schlug.

Als er das Kreuzzeichen gemacht hatte, sah Malo im Gegenlicht Frau und Einhorn sich langsam im Nebel auflösen. Und das von der Sonne durch den Nebel hindurch ausstrahlende Licht hüllte beide für einen kurzen Augenblick in einen herrlichen Wunderglanz.

Als der Mönch an den Ort der Küste zurückkehrte, wo ihn die anderen Reisenden erwarteten, hielt er Morganas Geschenk, einen blühenden Weißdornzweig, wie ein Szepter in der Hand.

Die Äbtissin

Ihre alljährliche Ankunft fiel mit dem Ende der Tagundnachtgleiche des Frühlings zusammen, ihr Rückzug mit der des Herbstes. Kinder der Kälte und des Sturms, durchfurchten sie den Ozean auf hölzernen Schlangen, die in schreienden Farben angestrichen waren. Von riesiger Gestalt, eckig in den Schultern, das Gesicht von einem feurigen Bart überwuchert, mit erstaunlich klarem Blick und hochroter Haut, waren sie stark wie eine Herde von Auerochsen, sie hießen Schmerz und Schmach, Not und Tod. Nichts und niemand konnte ihnen widerstehen.

Sie selbst nannten sich Wikinger. Für die anderen Völker waren sie die Piraten aus dem Norden, die rothaarigen Barbaren, unbesiegbar und unerbittlich, die eiserne Geißel, mit der Gott die Lenden seines Volkes seit zwei Menschenaltern schlug. Sie kamen von der anderen Seite des Horizonts und stürzten sich wie der Blitz auf eine Stelle an der Küste, um sie plötzlich zu überfallen, dann zogen sie sich genauso geschwind wieder zurück, wie sie gekommen waren, Verwüstung und Verzweiflung hinterlassend.

Ihr Anführer, König, Sohn und Enkel eines Königs, war gebaut wie ein Bär, er war listig wie ein Fuchs. Er hieß der Rote. Er war dreißig Jahre alt. Er träumte von nichts anderem als von Schmerz und Schmach, Not und Tod.

Als die wachhabende Nonne die Armada der Piraten Kurs auf die Küste nehmen sah, begann sie die Alarmglocke zu läuten, und der zierliche Kirchturm der Abtei, der auf der Klippe wie ein Gebetsbaum stand, verstreute eine täuschende bronzene

Beschwörungsformel in alle Winde.

Nachdem sie das einzige Tor hatte verbarrikadieren lassen, setzte sich die Äbtissin an die Spitze der verängstigten Herde ihrer Töchter und begann zur Kapelle zu schreiten.

De profundis clamavi ad te, Domine... Die ganze Gemeinschaft fiel in das Gebet ein. Während die Nonnen einstimmig sangen, hielt die Äbtissin, die schweigend und aufrecht vor ihrem Sessel stand, ihren mit rohen Edelsteinen besetzten Krummstab in die Höhe. Sie war zwanzig Jahre alt. Sie hieß Gwen, das bedeutet die Weiße. In ihren Adern floß das Blut einer uralten Linie von Königen und Heiligen der Insel der Bretagne. Ihre Haut war Milch und Blut. Sie war sehr schön. Sie träumte von Martyrium und platzte vor Stolz.

Mit rauher Stimme sangen die roten Barbaren, die auf die Abtei zumarschierten, ein wildes, gemeines und rohes Kriegslied:

Schmerz und Schmach, Not und Tod,
wir sind der Wind, der Sturm, der Orkan,
der alles wegfegt, was ihm im Weg steht,
Söhne des Windes und der Wellen,
wir sind der Schaum der See,
der Abschaum der Stürme.
Ho, ho und ho!
Stolz am Bug seines Drakkars
steht unser König, der Rote,
und haut rechts und links um sich –
das Scheißblut und -hirn seiner Feinde verspritzt.
Ho, ho und ho!
Wir sind der Wind, der Sturm, der Orkan,
der Schmerz, Schmach und Schändung
hinter sich zurückläßt.

Schmerz und Schmach, Not und Tod,
wir sind die Stärksten und die Größten,
unsere Eier platzen vor Mut,
aaaaaahoi!

Halt. Eisen klickte gegen Eisen. Gebrüll vor der verschlossenen Tür. Stille.

Der erste Rammstoß ließ die schwere Eichenpforte kaum erzittern.

»*Ich vertrau' auf den Herrn*«, psalmodierten die Nonnen, »*Meine Seele vertraut auf sein Wort.*«

Der zweite Schlag entriß der Tür einen langen Seufzer. »*Mehr als die Wächter aufs Morgenrot, soll Israel harren des Herrn.*«

Beim dritten Schlag zersplitterte die Tür.

Schmerz und Schmach, Not und Tod. Schreie der Angst und des Schmerzes, Gebrüll des Triumphes und der Freude.

Die Weiße und der Rote, die sich vor dem Altar gegenüberstehen, mustern sich.

»Weg mit den Pfoten, du roter Hund, du stinkender Fuchs!«

»Ich nix stinken, ich jeden Tag in das Meer spülen. Du stinken Keuschheit, nix waschen dein Dreckarsch.«

»Hund!« Eine hochherrschaftliche Maulschelle trifft die Wange des Roten.

Schmerz und Schmach, Not und Tod. Schreie der Angst und des Schmerzes, Gebrüll des Triumphes und der Freude.

Das jämmerliche Wehklagen einer Nonne wird plötzlich rhythmisch, zu einem gleichmäßigen Keuchen, dem als Echo die tiefe Stimme eines Barbaren antwortet. Himmel und Hölle verschwimmen. Wo nur ist das Licht? Wo die Schatten? Wo die Engel und wo die Teufel?

Der Weißen gegenüber, die er mit seiner Riesengestalt überragt, steht der Rote auf sein Schwert gestützt, mit Beinen wie zwei Säulen, mit seiner breiten und schweren Brust, seinen überlangen Armen, den mächtigen Schultern, seinen lederharten Händen, auf denen sich die Adern schlängeln. Ein Mann. Ein Baum. Ein Fels... Seit der Ohrfeige, die ihm die Weiße vorhin versetzt hat, hat er nicht einen Versuch mehr gewagt, sie zu berühren... (Anführer der Barbaren, König der Meere, auch in seinen Adern muß königliches Blut fließen wie in den meinen. Mein Vetter. Mein Bruder. Es stimmt..., daß er nach Fuchs riecht, nach Iltis, nach Bock. Er stinkt... Ach, mein Herz!) Die Weiße wird von einer seltsamen Schwäche in den Knien befallen. Beten... *Gegrüßet seist du, Maria*... Die Erleuchtung:

»Du hast verloren, roter Hund. Du kannst nichts gegen mich ausrichten, ich habe meine Zuflucht, meine Burg und meinen Halt, die Allmacht meines Gottes auf meiner Seite. Dir werde ich mich nicht beugen, roter Hund, vor dir werde ich nicht niederfallen und das Haupt senken. Ich beuge mich meinem Herrn und Gott, vor ihm falle ich nieder und senke das Haupt. Erhebe nur dein Schwert, heidnischer Bastard, erhebe es ja schön hoch und nimm viel Schwung mit beiden Armen, um mir den Hals abzuschneiden. In dem Augenblick, in dem du den Sturm deiner entfesselten Kräfte auf mich niederprasseln läßt, wird ein Wunder eben diesen Hals ehern werden lassen, so daß die lächerliche Klinge deiner Waffe daran zerspringen wird.«

Die Äbtissin hat sich wieder in der Gewalt und ihre Wahl getroffen: Lieber sterben als sich beflecken lassen. Alles, was sie erhofft, ist, daß der Barbar ihre List nicht durchschaut oder schlimmer noch: daß die Gnade ihn nicht in dem Augenblick, in dem er den Arm höbe, zu Boden schmettert, daß er sich neben ihr zu Boden wirft, um sie so um die Palme des Martyriums zu bringen. Nein... Doch... Gott ist die Liebe... Lästerung... Ach, Du... Mein Herr und mein Gott, laß mich nicht der Versuchung erliegen. Mein Herr und mein Gott, mach, daß... mach, daß... mach, daß ich sterbe und breite mir deine Arme aus, öffne mir weit die Tore zu deinem Himmel der Ehre! Ehre sei Gott in der Höhe! *Halleluja! Halleluja!*

»Ehre sei Gott in der Höhe! Halleluja! Halleluja!« antwortete der Chor der Engel und wollte die aufnehmen, die den Tod der Schändung ihrer Keuschheit vorzog.

Da erschien Satan inmitten der Engel, und Satan forderte Gerechtigkeit: Er forderte diejenige als seine Tochter, die ihren Körper, der nach dem Ebenbild Gottes geschaffen war, das Tabernakel ihrer Seele, lieber opfern wollte als die eitle Glorie dessen, was sie ihre Ehre nannte, angreifen zu lassen. Seht nur die stolze Bestie, die vom Himmel die Palme des Martyriums verlangt; diese Frau gehört mir, folgerte Satan, der verschwand und die Schar der Engel in großer Verwirrung zurückließ.

»Schmerz und Schmach, Not und Tod, ho, ho, ho!« singen die Barbaren und legen sich mächtig in die Riemen. Zusammengerollt zu Füßen des Roten, achtern im Drakkar, der sie nach Norden trägt, lächelt die Weiße unbestimmt, eins mit ihrer Seele und ihrem Fleisch und betrachtet die beiden Überreste eines zerbrochenen Schwertes.

Begegnung

Die recht geräumige Zelle maß etwa zwanzig auf fünfzehn Fuß. Sie wurde spärlich beleuchtet durch eine kleine Öffnung in der Wand gegenüber der Tür. Die Einrichtung bestand aus einem Tisch, einem Hocker, einem Kübel und einem alten Bettgestell, auf dem der Gefangene lag.

Der Gefangene hieß Jehuda von Leon. Er war Jude. Während er auf seine Hinrichtung wartete, betete und meditierte er.

In dieser Zeit bewies der Herr, der die Leiber seines Volkes in den anderen Ländern des Abendlandes mit eiserner Rute geißelte, eine besondere Vorliebe für die spanischen Juden. Als Hauptstütze der königlichen Gewalt im Kampf gegen die Sarazenen[1] und ihre eigenen Feudalherren hatten jene, die sich stolz Sephardim nannten, alle Freiheit, ihren Handel zu treiben, der für die Finanzierung des Krieges, den der Monarch an zwei Fronten führte, unerläßlich war. Sie lebten ruhig und in Freuden, und ihr Wohlstand nährte das Gefühl ihrer Überlegenheit gegenüber dem traurigen Rest der Herde Israels. Sie brüsteten sich damit, das Gesetz strikter als die anderen zu befolgen, die religiösen Gebräuche genauer als die anderen einzuhalten und die heilige Sprache besser als die anderen zu sprechen. Das Denken eines Maimonides, die Lehre eines Moses von Leon waren in der gesamten Diaspora verbreitet. Als die Besten in der Thora[2] und im guten Benehmen waren sie dick und fett, schön und gut, sie waren die Auserwählten, die Lieblingskinder des Herrn. Sie fühlten sich seit lan-

1 mittelalterliche Bezeichnung für Araber
2 Gesetzbuch der Juden, die 5 Bücher Moses

gem allzu siegesgewiß und hatten beinahe vergessen können, daß das Los der Juden eigentlich genauso zerbrechlich und unsicher ist wie das einer Wolke über dem Meer.

Aus dem Abgrund seines Gefängnisses rief Jehuda von Léon zu seinem Herrn. Jehuda hatte gerade an Leib und Seele wiederentdeckt, wie schwer es ist, Jude zu sein.

Er erhob sich von seinem Lager und machte einige Schritte hin zum Fenster; dann, seinen Blick zum fahlen Lichtschein erhebend, stimmte er das Gebet von Jonas an:

»Ich rief zum Herrn in meiner Angst, und er antwortete mir, ich schrie aus dem Bauche der Hölle, und du hörtest meine Stimme.«

Als Sohn aus gutem Hause hatte er bisher ein geschichtsloses Leben geführt.

»Du warfest mich in die Tiefe mitten im Meer, daß die Fluten mich umgaben.«

Nach Beendigung seines Studiums hatte er geheiratet, den ehelichen Garten bestellt, seine Nachkommen gezeugt, und der Ewige hatte die Ernte gesegnet, die seinen Lenden entsprossen war.

»Alle deine Wogen und Wellen gingen über mich...«

Um die Seinen zu ernähren, war er als Superkargo in die Dienste eines steinreichen Onkels getreten, der Kaufmann war und Schiffe anheuerte. Seine Aufgabe bestand darin, die Schiffsfracht bis in den Bestimmungshafen zu begleiten und die Interessen des Reeders zu vertreten.

»Daß ich dachte, ich wäre von deinen Augen verstoßen, ich würde deinen heiligen Tempel nicht mehr sehen...«

So war er keine zwei Monate zuvor an Bord eines Schiffes gegangen, das mit Wein beladen nach London fahren sollte.

»Wasser umgaben mich bis an mein Leben, die Tiefe umringte mich, Schilf bedeckte mein Haupt.«

Das Schiff hatte in der reißenden Strömung von Sein Schiffbruch erlitten, und Jehuda, von den anderen Überlebenden als Jude angezeigt, war nach Quimper gebracht worden, wo die Kirchenjustiz sich seiner annahm.

»Ich sank hinunter zu der Berge Gründen, die Erde hatte mich verriegelt ewiglich.«

Seine Sache war von vornherein verloren: Seit achtzehn Jahren regierte König Johann der Rothaarige die Bretagne mit eiserner Faust. Obwohl er Geldstreitigkeiten mit den Kirchenleuten hatte, war er doch nichtsdestoweniger fromm und hatte die Verbannung aller Juden aus seinem Reich angeordnet, nachdem zuvor alle ihre Habe und Schuldforderungen konfisziert worden waren. Die Anwesenheit Jehudas bedeutete einen Verstoß gegen den Erlaß des Monarchen. Jehuda hatte die Wahl zwischen Bekehrung und Tod.

Das Gitterkreuz vor dem Fenster schien ihm plötzlich sein Schicksal zu besiegeln, und dieses Schicksal war furchtbar, denn Jehuda wußte, daß er sich niemals vor diesem Kreuz verneigen würde.

Die Zellentür öffnete sich laut quietschend. Ein Mönch trat ein, und die Tür schloß sich hinter ihm. Es war ein alter, hagerer Mann mit zerknittertem Gesicht, dessen erstaunlich klarer Blick zugleich Weisheit und Naivität verriet. Der alte Mann nahm auf dem Strohsack des Gefangenen Platz und schwieg lange, während er den Zelleninsassen beobachtete.

Dann fragte er sanft:

»Sie haben Ihre Meinung nicht geändert, nicht wahr?«

Jehuda schüttelte den Kopf.

»Sie haben keine Angst vor dem Sterben?«

»Ich habe furchtbare Angst davor, Herr Mönch«, antwortete Jehuda.

»Wozu dann die Taufe ablehnen? Wozu dann diesen Körper freiwillig ins Martyrium schicken, den der Schöpfer doch zum Tabernakel Ihrer Seele gemacht hat? Nein, widersprechen Sie nicht, nicht wir sind es, die Sie zum Sterben zwingen. Im Gegenteil, wir öffnen Ihnen einen Ausweg, der zugleich einen Anfang darstellt, nämlich das Sakrament der Taufe.«

»Die Taufe hat mein Körper schon hinter sich, Herr Mönch. Ich bin beschnitten worden. Warum sollte ich einen neuen Bund mit meinem Schöpfer eingehen? Sie sagen selbst, daß Ihre Kirche die einzige Nachfolgerin und rechtmäßige Erbin unserer Synagoge ist. In diesem Fall müssen Sie zugeben, daß die zwischen dem Herrn und Moses geschlossene Verbindung sehr viel älter ist als diejenige, auf die Sie sich berufen. Trotz aller unserer Irrtümer, aller unserer Verfehlungen, trotz all unserer Sünden, derer wir uns in unserer langen Geschichte schuldig gemacht haben, haben wir diesen Bund nie in Frage gestellt. Sie lassen mir die Wahl zwischen Leben und Tod, aber das Leben hat für uns nur in dem Maße einen Sinn, in dem wir auf Erden sind, um den Ruhm des Schöpfers zu preisen und das Gesetz zu beachten, das er uns gegeben hat, als wir den Bund schlossen.«

»Dennoch haben Sie selbst das Gesetz übertreten. Der Wärter hat getreulich berichtet, daß Sie ohne Zögern Schweinefleisch gegessen haben, seit Sie hier sind.«

»Entschuldigen Sie, wenn ich widerspreche, Herr Mönch. Ich habe lange gezögert, bevor ich mich dazu entschließen konnte und habe die unreine Nahrung nur mit dem größten Widerwillen zu mir genommen.«

»Ich verstehe nicht.«

»Sie werden verstehen. Das Verbot, Schweinefleisch zu essen, taucht in den Gesetzestafeln nicht auf. Es ist nur eine der zahlreichen Regeln, die von unseren Weisen aufgestellt wurden und die bis auf den heutigen Tag von der Tradition überliefert worden sind. Diese Regeln, die Ihnen sinnlos, wenn nicht gar lächerlich erscheinen mögen, sind dennoch Anweisungen, die unser Leben kennzeichnen; sie dienen keinem anderen Zweck, als uns ständig daran zu erinnern, daß wir kein Volk wie jedes andere sind, daß wir auf Grund des Vertrages, den wir mit Ihm abgeschlossen haben, dem Schöpfer gegenüber besondere Verpflichtungen eingegangen sind. Es geschieht jedoch manchmal, Herr Mönch, daß wir in einer Ausnahmesituation, wie ich sie zur Zeit durchmachen muß, wählen müssen zwischen den Äußerlichkeiten des Zeichens und dem Wesentlichen unserer Bestimmung. Der Verzehr von unreinem Fleisch stellt eine geringere Sünde dar als der Mord, den ich begehe, wenn ich diesen Körper umkommen lassen würde, das Tabernakel meiner Seele, wie Sie eben selbst sagten; diesen Körper, den meine Seele braucht, um weiterhin das Gesetz zu beachten und zu bekennen.«

»Aber gerade diesen Mord begehen Sie ja, wenn Sie freiwillig zum Scheiterhaufen gehen!«

»Nicht ich habe beschlossen zu sterben, sondern Sie zwingen mich dazu.«

»Aber wir geben Ihnen doch die Möglichkeit, sich zu befreien...«

»Wir drehen uns im Kreis, Herr Mönch. Die Taufe, die Sie mir anbieten, anzunehmen, hieße zugeben, daß der alte Bund ungültig geworden ist und der Herr, indem er den Bund löst, seine Verpflichtungen nicht eingehalten hat. Das wäre ein Blasphem. Bedenken Sie weiterhin, daß wir, die wir seit der Zerstörung unseres letzten Tempels in alle vier Winde zerstreut leben, nunmehr keine andere Heimat als nur ein Buch haben, das wir sorgfältig durch alle Trübsal gerettet haben. Wir haben uns so sehr mit dem Buch – dem Gesetzbuch –

identifiziert, daß es zu verleugnen eine schlimmere Sünde bedeutete als die Vernichtung meiner fleischlichen Hülle hinzunehmen: Es wäre Mord an meiner Seele. Wenn ich also, Herr Mönch, Schweinefleisch aß, um meinen Körper zu retten, so will ich eben diesen Körper opfern, um meine Seele zu retten.«

»Ich sehe es ein«, antwortete demütig der Mönch. »Wenn wir andern, wir Christen, dieselbe Treue gegenüber der Lehre unseres Herrn hätten walten lassen, würde es uns vielleicht eher gelingen, Sie davon zu überzeugen, daß wir die Wahrheit besitzen und Ihr im Irrtum seid.«

Jehuda antwortete nicht.

»Wenn Sie es erlauben, werde ich für Sie beten in Ihrer letzten Stunde.«

Jehuda antwortete nicht.

»Ich werde für Sie beten«, wiederholte der Mönch. »Es ist ein Gebet, das wir beide gemeinsam sprechen können. Es ist ein Teil des Erbes, das Ihr uns überliefert habt: *Aus der Tiefe, oh Herr, rief ich zu dir...*«

Jehuda lächelte schwach und antwortete nicht.

Der Mönch erhob sich. Er klopfte an die Tür, die sich vor ihm öffnete. Dann ging er hindurch, und die Tür schloß sich wieder hinter ihm.

Jehuda blieb allein zurück, allein mit seinem Gott.

Es war Mitternacht, Jehuda schlief auf seinem Lager einen grenzenlosen Schlaf, als seine Zelle plötzlich in flammendem Licht stand. Inmitten seiner Zelle befand sich eine Frau, die kaum zwanzig Jahre zählen mochte. Sie war nicht sehr groß, besaß breite Hüften, einen zierlichen Oberkörper und kräftige Hände und Füße. Sie hatte eine niedrige Stirn, hervorspringende Backenknochen, eine hochmütige Nase, große und sehr weiße Zähne, und ihre Unterlippe hatte seltsamerweise einen doppelten Rand. Der falbe Busch ihrer Haare war von Efeu umrankt. In der rechten Hand trug sie ein Szepter von blühendem Weißdorn; von ihm strahlte das Licht aus, das den Gefangenen aufweckte.

»Friede sei mit dir!« sagte die Frau.

»*Shalom aleichem!*« erwiderte Jehuda unwillkürlich. »Wie sind Sie hereingekommen, Madame?«

Doch sogleich sagte er sich, daß diese Frage völlig bedeutungslos war angesichts der Lage, in der er sich befand.

»Die Frage ist völlig bedeutungslos angesichts der Lage, in der wir uns befinden«, sagte die Frau.

»Ich träume«, sagte Jehuda.

»Das ist möglich«, antwortete die Frau. »Der Traum ist die letzte Bleibe der Verbannten. Es gibt Augenblicke, da frage ich mich, ob ich noch existiere oder ob ich nicht nur der blutleere Traum eines schlafenden Volkes bin. Vielleicht sind wir beide nur zwei Träume, die sich in der Nacht begegnet sind…«

»Was meinen Traum angeht, so nähert er sich seinem Ende«, sagte Jehuda. »In wenigen Stunden werde ich das Licht des Unaussprechlichen sehen.«

»Ich weiß«, sagte die Frau. »Fürchtest du nicht den Augenblick, da du in die Flammen schreiten wirst, bevor du mit dem Licht eins wirst?«

»Die Angst davor macht mich ganz stumpf. Es hilft mir nichts, aus sicherer Quelle zu wissen, daß ich selbst einen Widerschein dieses Lichtes in mir trage, insofern als ich mich dazu bekenne; meine Seele ist zur Beute schwarzer Schreckensgestalten geworden. Mein Leben war leicht – zu leicht – bis heute, Madame; es war ein Leben ohne Geschichte, verbracht in der Gewißheit einer problemlosen Zukunft. Die

Fackel des Bekenntnisses tragen ist leicht, wenn es nicht stürmt. Nun hat sich der große Wind erhoben, und ich taumele und strauchle verloren wie ein Kind im Sturm der Dunkelheit. Ich fühle mich schwach und nackt... auch zu fett: das Fett der einfachen täglichen Freuden hat meinen Körper und meine Seele überwuchert. Mich fröstelt bis ins Mark, und ich zittere vor Angst. Das Schicksal, das mich erwartet, ist zu hart für mich.«

»Dann steh auf und gib mir die Hand. Ich habe noch genug Kraft von früher her bewahrt, um dir dieses Schicksal zu biegen. Gib mir deine Hand, ich werde dich in ein Land führen, wo Milch und Honig fließt.«

»Das Land von Milch und Honig, wonach ich mich mit ganzer Seele sehne, ist mir von meinem Gott versprochen worden, Madame, und wenn man die Umstände in Betracht zieht, so glaube ich, daß ich dorthin nur gelangen kann, wenn ich die Flammen der Hölle durchschritten habe. Ihnen die Hand zu reichen bedeutete Verrat an den Meinen, die schon durch die Hölle gegangen sind. Und es wäre Verrat an den Millionen unter ihnen, die sie in den kommenden Jahrhunderten durchschreiten müssen. Es hieße, meinen Gott und mich verleugnen. So schrecklich mein Schicksal auch sein mag, ich habe nicht das Recht, mich davon loszusagen.«

»Ich sehe«, sagte die Frau, »unsere Träume haben sich heute nacht nicht zufällig gekreuzt. Für den Fall jedoch, daß du deine Meinung ändern solltest, lasse ich dir diesen Weißdornzweig hier. Nimm ihn in die Hand, wenn du zur Hinrichtung gehst. Wenn du dir dein Schicksal, selbst im allerletzten Augenblick, biegen willst, so brauchst du nur die Spitze dieser Blume gen Himmel zu halten, und das Wunder geschieht.«

Jehuda antwortete nicht.

»Mein Name ist nicht Astarte[1]«, sagte die Frau. »Ich heiße Morgana.«

Jehuda antwortete nicht.

Die Frau verschwand genauso geheimnisvoll, wie sie gekommen war. Es wurde wieder Nacht.

Jehuda blieb allein zurück, allein mit seinem Gott.

Einige Stunden später ging ein kleiner dicklicher Mann zur Hinrichtung. Er war leichenblaß, trug sein Haupt jedoch erhoben. In der rechten Hand hielt er einen blühenden Weißdornzweig, unsinnigerweise mit der Spitze nach unten. In dem Augenblick, als er die Leiter zum Scheiterhaufen erklomm, begann der kleine Mann mit zitternder Stimme zu singen: »Ich freute mich über die, so mir sagten: Lasset uns in das Haus des Herrn gehen! Unsere Füße stehen in deinen Thoren, Jerusalem!«...

Der Henker zündete den Scheiterhaufen an, und die Stimme Jehudas wurde fester: »Jerusalem ist gebauet, daß es eine Stadt sei, da man zusammenkommen soll. Da die Stämme hinaufgehen, die Stämme des Herrn, wie geboten ist dem Volk Israel, zu danken dem Namen des Herrn...«

Die Flammen begannen an den Füßen des kleinen Mannes zu lecken, und seine Stimme schwoll an zu einem Triumphgesang: »Denn daselbst stehen die Stühle zum Gericht, die Stühle des Hauses David!«

Am Fuße des Scheiterhaufens betete ein alter Mönch.

Der Scheiterhaufen loderte plötzlich auf, und Jehuda, sein Weißdornszepter fallen lassend, betrat mit erhobenem Haupt das Haus seines Herrn.

1 phönizische Göttin der Liebe

Die Gerechtigkeit des Himmels

Es geschah zur Zeit der Königin Anna im Dorf Saint-Jean-Trolimon inmitten des Teils der Bretagne, den man Pays bigouden nennt, daß ein armer Teufel zu Unrecht des Diebstahls angeklagt wurde. Ein flaches Land unter endlosem Himmel, ein Land des Regens und des Windes, der trockenen Heide und der gemarterten Kiefern, machte es dem gefräßigen Ozean ein wenig Erde, viel Sand und noch mehr Kieselsteine streitig. In den über die Ebene verstreuten Marktflekken schmiegen sich die Häuser eng aneinander, um den Tollheiten der Tagundnachtgleiche gemeinsam die Stirn zu bieten. Ein bißchen überall gibt es, wie zufällig dahingestreut, kleine Höfe, die einsam, zusammengekauert und geduckt kaum aus der Erde ragen und sich hinter den großen Ulmen verstecken, die sie vor dem Nordwest schützen. Hier und dort, ganz verloren inmitten der Heide, gibt es eine kleine verfallene Kapelle samt ihrem heiligen Brunnen oder der wurmstichigen Statue eines alten Heiligen, die eigensinnig darauf beharren, Tiere und Menschen, kranke Körper und leidende Seelen zu heilen, und noch einen Menhir oder Dolmen, über denen unvermindert der Zauber der Hexereien von früher schwebt.

Der Eingang des Gemeindefriedhofes, wo sich die Kirche des Dorfes befindet, ist seltsamerweise von zwei Säulen eingerahmt, die eine glatt, die andere von oben bis unten senkrecht zerfurcht; die glatte Säule sollte Sinnbild des Männlichen sein und die zerfurchte Sinnbild des Weiblichen (sofern es nicht gerade umgekehrt war), wenn man den Fachleuten glauben darf, die sicherlich ihre guten Gründe haben.

In Anwesenheit dieser beiden Zeugen aus einem anderen Zeitalter spielte sich vor etwa 500 Jahren folgende Geschichte ab, die ich von meiner Großmutter gehört habe, die sie von ihrer Urgroßmutter gehört hat, welche sie wiederum von noch früher her kannte.

Es war Johannisfest. Auf dem Kirchplatz war schon der Holzhaufen gerichtet, der am Abend zu Ehren des Schutzheiligen der Gemeinde in Flammen aufgehen sollte, wie der Pfarrer versicherte, aber eine jahrtausendealte Tradition bezeugte, daß dadurch die Fruchtbarkeit der Erde, der Tiere und der Menschen sichergestellt werden sollte. Wenn sie eine Handvoll Asche aufgehoben hatten, verschwanden einige alte Frauen anschließend in der Dunkelheit, um die Hexenkräuter zu suchen, die in der Heide wachsen.

Der Richter, der aus Pont-l'Abbé gekommen war, hatte auf dem Stuhl Platz genommen, der gewöhnlich für den Bischof von Quimper bestimmt war, wenn er zur Firmung kam; heute hatte man den Stuhl aber aus der Kirche entfernt und ihn unter dem Torbogen gegenüber den beiden Steinriesen aufgestellt, die den Schlaf der Toten bewachten.

Der Prozeß sollte gerade beginnen, als eine Frau in rasendem Galopp auf einem feurigen Pferd auftauchte und gewandt auf die Erde sprang, wobei ihre Röcke flogen. Diese Frau mochte kaum zwanzig Jahre zählen. Sie war nicht sehr groß, besaß breite Hüften, einen zierlichen Oberkörper und kräftige Hände und Füße. Sie hatte eine niedrige Stirn, hervorspringende Backenknochen, eine arrogante Nase, große und sehr weiße Zähne, und ihre Unterlippe hatte seltsamerweise einen doppelten Rand. Der falbe Busch ihrer Haare war von Efeu umrankt. In der rechten Hand trug sie ein Szepter von blühendem Weißdorn. Ihr meergrüner Blick glich einer aufgewühlten See. Ihre außergewöhnliche Haltung und das edle Roß verrieten, daß sie einer reichen und mächtigen Familie angehörte, und die Masse der Bauern machte ihr unwillkürlich Platz, als sie sich an die Seite des Angeklagten begab.

Gefesselt zwischen zwei Wachen machte der Angeklagte nicht gerade einen glücklichen Eindruck. Der Buckel zwischen seinen Schultern deutete auf einen verschlagenen und rachsüchtigen Charakter hin. Da er schielte, hielt er die Augen ständig gesenkt, was ihm ein tückisches Aussehen verlieh. Er bezeichnete sich selbst als Hausierer, das heißt Vagabund, oder jedenfalls etwas Ähnliches. Ohne Haus noch Herd, also auch ohne Zaum und Zügel, ohne Gesetz und Glaube war er der ideale Angeklagte. Außerdem waren sowohl der äußere Schein als auch alle Zeugen völlig gegen ihn. Mindestens drei Personen hatten ihn – in heimtückischer Weise, wohlgemerkt – in das Haus des Pfarrers schleichen sehen, als dieser und seine Haushälterin gerade abwesend waren. Einige Minuten später hatten sie ihn wieder herauskommen sehen – mit der gleichen verschlagenen Miene. Niemand anderer als er hatte die Schwelle der Pfarrei während der Abwesenheit des Geistlichen betreten. Niemand anderer hatte folglich den Silbertaler entwenden können, der bei dem Peterspfennig fehlte, welcher auf einem Zinnteller auf einer Anrichte lag und diesem Tag auf den bischöflichen Abgesandten wartete, der alle drei Monate die Kollekte abholte. Die Tatsache, daß die Durchsuchung, die an dem Verdächtigen bei seiner Verhaftung vorgenommen wurde, kein Ergebnis zeitigte, war an sich kein Gegenbeweis: der Bucklige hatte die Ausbeute seines Diebstahls offensichtlich in einem Versteck deponiert, woraus er es später wieder hervorzuholen gedachte.

Die Sache war also so klar wie das Wasser einer Felsenquelle, die Tat so verwerflich, daß man, ohne die Ankunft des Richters abzuwarten, schon den Galgen zwischen den beiden

Felsblöcken errichtet hatte, woran der böse Bube zweifellos bald baumeln sollte.

Da er es eilig hatte, in sein trautes Heim zurückzukehren, nahm der Richter, der schon im Bilde war, die Zeugen, mit denen er sich vor der Eröffnung des Prozesses abgesprochen hatte, bloß der Form halber ins Verhör. Die Befragung des Schuldigen war ebenso eine reine Formsache, eines Angeklagten, der am ganzen Körper vor Angst zitterte, nur noch stammeln konnte und so stotterte, daß man ihm kaum drei zusammenhängende Wörter abringen konnte. Wenn diese Musik auch weder Hand noch Fuß hatte, so war der Ton doch deutlich genug, der Angeklagte beteuerte seine Unschuld so lauthals und mit solchem Nachdruck, daß er jeden überzeugt hätte, wenn man es nicht just mit einem ausgemachten Bösewicht zu tun gehabt hätte. Und so beeilte sich der überforderte Richter, diese Komödie zu beenden, indem er dem Unglücklichen vorwarf, ihm am hellichten Tage Sterne vorgaukeln zu wollen.

»Sterne am hellichten Tag«, wiederholte die Frau.

Kaum hatte sie diese Worte ausgesprochen, als der Holzhaufen plötzlich in Flammen aufging, auf einmal lichterloh brannte und in wenigen Augenblicken vom Feuer verzehrt wurde, wobei er auf die erstarrten Anwesenden ganze Ströme von Funken versprühte.

»Sterne am hellichten Tag«, sagte die Frau noch einmal. Dem Herrn Richter wurde sein Wunsch erfüllt.

Den Vorfall und die Anrede gar nicht zur Kenntnis nehmend, fuhr der Magistrat fort: »Mein Urteil ist gefällt. Um meine Meinung zu revidieren«, sagte er zum Buckligen gewandt, »müßten dich die Steine selbst für unschuldig erklären.«

»Unschuldig!... Unschuldig!...« echoten die Wände der Häuser auf der anderen Seite des Platzes, und die Herde der Bauern war wie vor Schreck erstarrt, denn man hatte auf dem Kirchplatz noch nie ein Echo vernommen. Die Herde nahm die Beine in die Hand, und die beiden Wachen, ihrerseits angesteckt, wollten es den anderen gleichtun und ihren Gefangenen freilassen, als ein eisiger Blick des Richters sie festnagelte.

»Dieser Mensch ist unschuldig«, sagte die Frau. »Ich lege meine Hand dafür ins Feuer.«

»Sei's drum«, entgegnete der Richter lächelnd.

Die Frau nahm nun einen brennenden Scheit aus der Asche des Holzhaufens in die Hand und hielt ihn dem Richter unter die Nase, zu dessen Ehre man sagen muß, daß er nicht schreckhaft war, denn er zuckte mit keiner Wimper.

»Sie haben ein dickes Fell«, stellte er fest.

»Dummkopf«, erwiderte die Frau. »Dein dickes Fell hindert dich am Denken! Ich verbürge mich für die Unschuld dieses Unglücklichen.«

»Sie tun dieser Kanaille zuviel Ehre an, Madame«, versetzte der Richter und wurde förmlich. »Ich möchte mir jedenfalls erlauben, Ihre geschätzte Aufmerksamkeit auf die Tatsache zu lenken, daß das Individuum, worum es geht, keinesfalls ein Edelmann ist und ich gehalten bin, solange Ihre Hoheit die Herzogin von der Bretagne es nicht anders verfügt, diesen Prozeß dem Stande des Angeklagten gemäß zu führen.«

Die Bauern waren inzwischen auf den Platz zurückgekehrt, denn ihre Neugier war größer als der Schrecken, der ihnen gerade versetzt worden war.

»Ich habe meine Untersuchung vorurteilsfrei und unparteiisch durchgeführt«, fuhr der Magistrat fort. »Die Beweislast ist erdrückend, und die Zeugenaussagen sind schon zu Protokoll genommen. Dieser Mann hat sich des Diebstahls schuldig gemacht, und was noch schlimmer ist, eines Diebstahls zum Schaden der Kirche. Ich verurteile ihn somit zum Tode durch Erhängen, und zwar, um ein Exempel zu statuieren, auf dem nämlichen Gebiet der Gemeinde, wo er seine Tat begangen hat. Wachen, an die Arbeit.«

Fassungslos ließ sich der Bucklige zum Galgen führen, ohne Widerstand zu leisten oder seine Unschuld weiter zu beteuern. Eine der Wachen hatte ihm schon den Weidenstrick um den Hals gelegt, als die Frau die Lippen zu einem letzten beschwörenden Wort öffnete.

»Es ist sinnlos, Madame«, schnitt ihr der Richter das Wort ab. »Die Menschen haben ihr Urteil gesprochen. Diesem Unglücklichen bleibt nur noch, sich auch der himmlischen Gerechtigkeit zu stellen.«

»Der himmlischen Gerechtigkeit«, sagte die Frau. »Es ist lustig, aber daran hatte ich nicht gedacht.«

Im selben Augenblick schoß ein schwarzweiß gefiederter Vogel genau auf den Richter hinab, hielt im letzten Moment in seinem Flug inne und flog dann zum Himmel empor, wo er im Handumdrehen verschwand.

Die Frau bückte sich, um aufzuheben, was die Elster aus ihrem Schnabel hatte fallen lassen, als sie kehrtmachte, und meinte bloß:

»Die himmlische Gerechtigkeit hat gesprochen.«

Auf ihrer Handfläche, die sie dem Richter hinhielt, funkelte ein Silbertaler.

Der Gepeinigte

Man nannte ihn den Gepeinigten, weil seine Umrisse fast genau denen eines Mannes entsprachen, der vom bösen Schicksal getroffen war: gedrungen, in sich zusammengekrümmt, den Kopf in den Händen, die Ellbogen auf den Knien, so als wollte er dem Mißgeschick weniger Angriffsfläche bieten.

Die Legende erzählte, daß ein Unbekannter, der vom Landesinnern gekommen war, sich unzählige Sonnen zuvor an dieser Stelle der Küste niedergelassen hatte. Weiter der Legende nach, hatte der Unbekannte als Strafe für eine Sünde, die jede Vorstellungskraft übersteigen mußte, wenn man das Ausmaß seiner Bestrafung in Betracht zog, Hunderte, ja Tausende von riesigen Steinblöcken auf seinem Rücken getragen und auf die Heide gepflanzt, wo sie immer noch stehen. Diese übermenschliche Aufgabe währte tausend Jahre.

Nachdem er diese Buße, die er sich selbst oder jemand anders ihm auferlegt hatte, erfüllt hatte, war der Unbekannte an die Mündung des Loch-Flusses gelangt, dort bestieg er einen Felsen, von dem er sich nie mehr fortrührte.

Er hatte, ohne ein Wort zu sagen, oder eine Geste der Dankbarkeit die Nahrung angenommen, die ihm mitfühlende Seelen brachten. Und da der Mensch so beschaffen ist, daß er immer Belohnung für eine Wohltat, ein gutes Werk oder eine Handreichung erwartet, hatte das Gerücht die Runde gemacht, daß der Unbekannte, der den Unbilden des Wetters schutzlos ausgesetzt war, Gliederreißen heilen konnte, unter dem er selbst nicht zu leiden schien.

Die Erfahrung hatte schließlich gelehrt, daß dieses Gerücht jeder Grundlage entbehrte, und die guten Seelen waren allmählich entmutigt worden. Der Unbekannte blieb seiner Einsamkeit überlassen, ohne sich je zu regen, und war langsam zu Stein geworden, Teil des Felsens, auf dem er saß. Die Gezeiten hatten seinen Körper mit einem prächtigen Mantel aus schillernden Algen umhüllt, Sonne und Regen hatten seinen Kopf mit dem goldenen Glanz von Flechten bekränzt.

Er hatte schließlich vergessen, wer er war, woher er kam, was ihm zugestoßen war, und das war wohl besser so.

Die Legende behauptete endlich, daß er sich erst am Tag des Jüngsten Gerichts wieder in Bewegung setzen würde, sofern nicht…

In der Zwischenzeit waren die Jahrhunderte zu Staub zerfallen.

In der Bretagne wütete der Krieg zwischen Katholiken und Protestanten, Königstreuen und Papisten, zwischen Franzosen, Engländern und Spaniern. Söldner aller Schattierungen verheerten das Land, sie bestahlen und ermordeten unterschiedslos Freund und Feind, während die Bauern, gepeinigt vom Elend und der Verzweiflung, sich zu wilden Scharen zusammenrotteten, um die Schlösser ihrer Herren in Blut und Asche zu legen.

Schlaf, Kindchen, schlaf,
Der Wolf, der jagt ein Schaf…

sangen in jener Zeit die Mütter und wiegten ihre Säuglinge.

Der Engländer sät böse Saat,
Der Spanier erntet Not und Pein,
Der Franzmann steht am Mühlenrad,
Das mahlet deine Knochen fein.
Schlaf, Kindchen, schlaf!

Die Wölfe, deren Art man für ausgestorben hielt, überfielen von neuem das Land, und der Mensch wurde wieder des Menschen Wolf.

Als die Soldaten gekommen waren, hatte die Mutter gerade noch Zeit, das Kind durch das Fenster hinauszulassen, das zum Wald lag.

»Rette dich!« hatte die Mutter geschrien. »Schneller! Renn doch, renn!«

Das Kind hatte die Beine in die Hand genommen und war gerannt, gerannt, gerannt.

In einen Graben gekauert, am Rande des nahen Waldes, hatte es das Gebrüll der Soldaten gehört, das Flehen der Eltern, das höhnische Lachen der Soldaten. Es hatte die Todesschreie des Vaters gehört, das donnernde Gelächter der Soldaten, das Todesgequieke des Schweins, das gewaltige Gelächter der Soldaten, das jämmerliche Wehklagen, das sich so oft wiederholte, dann die Todesschreie der Mutter und das teuflische Gelächter der Soldaten. Es hatte sie schlemmen hören und grölen, das Geschirr zerschlagen und die Möbel zusammenhauen und lachen und lachen und lachen, aus vollem Hals. Es hatte gehört, wie sie grölend wieder fortgingen.

Die Soldaten hatten ihre Soldatenpflicht gewissenhaft erfüllt: lange nachdem sie weg waren, als das Kind sich aus seinem Versteck wagte, hatte es nur noch glimmende Asche an der Stelle gefunden, an der einige Stunden vorher das Haus seiner Eltern gestanden hatte. Nein, es hatte nicht geweint: Das Ausmaß des Unglücks, was es durchlebt hatte, hatte es an das Ufer der völligen Verzweiflung geführt, jenseits aller Tränen.

Es war ohne Ziel durch Wälder und Heide gestreift, sorgsam alle Wege und gerodetes Land meidend, es lief am liebsten nachts, denn es wußte jetzt, daß die Geheimnisse der

Nacht weniger zu fürchten waren als jede Begegnung unter der erbarmungslosen Sonne, es nährte sich von Wurzeln und wilden Beeren, stillte seinen Durst an Teichen und Bächen, immer wachsam, immer auf der Hut, immer zur Flucht bereit. Es hatte Angst vor den Wölfen, aber die Furcht, die es vor den Menschen hatte, war namenlos.

Seine Kleidung war bald zu Lumpen zerfallen. Sein Körper bestand nur noch aus Dreck und Wunden, Schorf und Narben, seine Haare wimmelten von Läusen. Es hatte jeden Zeitbegriff verloren, vergessen, wer es war, woher es kam, was ihm zugestoßen war, und das war gewiß besser so.

Gott weiß, wie lange das Kind in der Wüste der Nächte umhergeirrt war, als die Wölfe seine Spur aufnahmen. Gewarnt vom Geheul der Meute, lief es immer geradeaus weiter, und die Scheibe des Mondes begann über ihm durch den Himmel zu rollen. Es lief, und hinter ihm war das Geheul der Meute. Es lief und lief, das Geheul der Meute war ihm auf den Fersen. Es lief und lief und lief, und die Meute, die ständig schneller näherkam, verteilte sich in einem Halbkreis, dessen beide Enden dem Kind schon voraus waren, und sie hatten es schon fast umzingelt.

Genau in diesem Augenblick erreichte es die Mündung des Loch-Flusses.

Es war Ebbe. Am Rande der Flußmündung zeigte der Mond dem Kind einen Felsen, den es erklomm, um seinen Verfolgern zu entrinnen. Aber das Kind glitt auf den Algen aus, die den Stein überwucherten, es fiel wieder hinab und verlor die Besinnung.

Als es zu sich kam, befand es sich in den Armen des Felsens, und der Fels begann zu laufen, die Wölfe auf den Fersen. Das Kind in den Armen, schritt der Fels zum Fluß hinunter, er ging in das Wasser hinein und auf das andere Ufer zu. Das Flußbett fiel schräg ab, und der Fels streckte die Arme zum Himmel empor, während er vorwärts stapfte. In der Mitte des Flusses lief der Fels immer noch, das Kind hoch über den Kopf gehoben, der schließlich im Wasser verschwand. Die tiefste Stelle war überwunden, das Flußbett stieg wieder an, der Kopf des Felsens tauchte wieder aus dem Wasser auf, und der Fels stieg schwerfällig die andere Seite des Flusses hinauf. Endlich erreichte er das gegenüberliegende Ufer und setzte das Kind ab.

Jenseits des Flusses kläfften die Wölfe.

Da erschien eine Frau, die kaum zwanzig Jahre zählen mochte. Sie war nicht sehr groß, besaß breite Hüften, einen zierlichen Oberkörper und kräftige Hände und Füße. Sie hatte eine niedrige Stirn, hervorspringende Backenknochen, eine hochmütige Nase, große und sehr weiße Zähne, und ihre Unterlippe hatte seltsamerweise einen doppelten Rand. Der falbe Busch ihrer Haare war von Efeu umrankt. In der rechten Hand trug sie ein Szepter von blühendem Weißdorn. Ihr meergrüner Blick glich einer aufgewühlten See.

Die Frau beugte sich über das Kind, berührte liebkosend dessen Stirn, dann sah sie das steinerne Ungeheuer scharf an und sagte:

»Also nein! Welche Überraschung...«

»Ich habe Kinder immer sehr gern gehabt«, antwortete das steinerne, von Algen und Flechten bewachsene Ungeheuer, wie um sich zu entschuldigen, und seine Stimme, die lächerlich dünn war, zitterte wie angestoßenes Kristall.

Am folgenden Tag saßen die Frau, das Ungeheuer und das Kind alle drei in einem Obstgarten der Insel von Avalon, die zwischen Himmel und Meer an den Gestaden der Bretagne schwebte. Vor ihren Augen tändelte ein Einhorn im Gras, ein

Drache rieb am Stamm eines Apfelbaumes die Stelle seines Rückens, wo ihn die Schuppen juckten, und eine Nixe streckte schmachtend ihren Körper in der Sonne aus.

Das mit Algen bewachsene Ungeheuer hielt fest in seinen Armen das Kind, dessen Blick keinerlei Furcht mehr ausdrückte.

»Und jetzt werde ich dir eine Geschichte erzählen«, sagte die Frau zu dem Kind. »Es war einmal ein reuiger Kinderfresser…«

»Ei wo«, sagte das Kind. »Kinderfresser gibt's doch nicht!«

Die Geschichte von Jean-Baptiste, dem armen Trommler

In dem Weiler Gram-Gorel in der Gemeinde Plonévez-Porzay setzte eines Tages eine sehr arme Frau ein Kind in die Welt, welches man Jean-Baptiste taufte, das man jedoch ebensogut wegen der Einfalt seines Herzens hätte Hans ohne Arg nennen können. Obwohl sich seine Mutter den lieben langen Tag abquälte, verdiente sie kaum das tägliche Brot für sie beide. Der Lehnsherr des Dorfes war dem gemeinen Volk ein gar geiziger und gestrenger Gebieter. Die Nachbarn, selbst notleidend, konnten dem Kind und der Mutter nicht helfen. Jean-Baptiste lernte also recht früh, daß die Welt unbarmherzig zu den Unglücklichen ist und das Leben hart zu den armen Leuten.

Als Jean-Baptiste zwölf Jahre alt war, starb seine Mutter. Ohne Eltern und Freunde, beschloß das Kind, sich in die Dienste des Königs von Frankreich zu begeben. Es trat als Trommler in das Garderegiment ein.

Ein Jahr später war es ein fertiger Soldat. Es hatte schon so manchen routinierten Kameraden an seiner Seite fallen sehen. Sein Herz und sein Körper waren abgehärtet durch das Elend, das man in diesem Beruf zu sehen bekommt. Ohne wirklich zufrieden mit seinem Los zu sein, hatte das Kind sich in das Unabänderliche gefügt. Jean-Baptiste hatte den Appetit eines Dreizehnjährigen und sich wenigstens seinen Essensanteil gesichert. Gewiß, es bestand die Gefahr, daß er jung starb, aber alles in allem war es besser, jung, aber mit vollem Bauch zu sterben, als bis an das Ende seiner Tage den Gürtel enger schnallen zu müssen. Er hatte sich in sein Schicksal ergeben, führte, ohne ein Wort zu sagen, die Befehle seiner Vorgesetzten aus und dachte sowenig wie möglich: Er war ein guter Soldat des Königs.

Wenn es zu kämpfen galt, tat es Jean-Baptiste ohne Furcht und ohne Haß. Die, denen er gegenüberstand, waren wie seine eigenen Kameraden arme Teufel, die die Not zum harten Soldatenleben gezwungen hatte.

Eines Tages – Jean-Baptiste war vierzehn Jahre alt – bezog das Regiment wieder einmal Aufstellung. Die Gardesoldaten bildeten drei Reihen mit Jean-Baptiste an der Spitze. Auf Kommando fielen alle in Sturmschritt. Die Gewehre auf der anderen Seite spuckten Feuer, und die Kanonen spien die Hölle aus.

Die erste Salve mähte die erste Reihe der Gardesoldaten wie reife Ähren nieder. Jean-Baptiste schritt weiter voran und wirbelte mit den Trommelstöcken.

Die zweite Salve streckte die zweite Reihe der Gardesoldaten nieder. Jean-Baptiste schritt immer noch aus und trommelte lauter.

Die dritte Salve vernichtete die dritte Reihe der Gardesoldaten. Jean-Baptiste lief immer noch weiter und ließ seine Trommel noch lauter dröhnen.

Das Feuer wurde eingestellt. Der Rauch senkte sich langsam nieder. Nun lief Jean-Baptiste ganz allein auf die feindlichen Linien zu.

Da erblickte ihn der Feind und traute seinen Augen nicht. Als einziger Überlebender des Blutbades, die Haare flatternd im Wind, das Gesicht schwarz vom Pulver, unerschütterlich wie der Tod, unerbittlich wie das Schicksal, lief er weiter und trommelte ungestüm zum Angriff.

Und was geschah? Vor diesem der Hölle entronnenen Kind kehrte der Feind um wie ein Mann und floh.

Und Jean-Baptiste verfolgte den Feind.

Er erreichte die in wilder Flucht davonstiebende Armee vor den Toren der Hauptstadt und ging hinein, ohne sich recht darüber im klaren zu sein. In diesem Augenblick schlossen sich die schweren Stadttore hinter ihm. Jean-Baptiste war gefangen. Man brachte ihn zu dem fremden König, der ihn fragte: »Wie heißt du, mein Guter?«

»Jean-Baptiste, Euer Gnaden.«

»Nenne mich Majestät«, sagte der König.

»Zu Diensten, Majestät«, antwortete Jean-Baptiste.

»Du bist ein tüchtiger Kerl, Jean-Baptiste«, fuhr der König fort. »Ich dagegen werde alt und habe keinen männlichen Erben. Wenn du willst, gebe ich dir meine einzige Tochter zur Frau, und du wirst nach meinem Tode über meine Untertanen herrschen.«

Des Königs Töchterlein erschien just in diesem Augenblick am Fenster. Sie lächelte Jean-Baptiste an. Jean-Baptiste betrachtete die Braut genau, und sie dünkte ihm allzu schön.

»Meine Majestät, der König«, antwortete er, »ich bin ein Kind des Elends. Ich bin Soldat des Königs, meines Herrn, nicht aus freien Stücken, sondern um nicht Hungers zu sterben. Ich glaube nicht, daß ich besondere Fähigkeiten zum Regieren habe und verspüre auch keine Lust, irgendeinem Volk Befehle zu erteilen. Behalten Sie Ihr Reich und auch Ihre Tochter, die Mädchen in meinem Land sind zwar keineswegs hübscher, aber ich möchte kein anderes frein. Trotzdem, da Sie mir ein so ehrenvolles Angebot gemacht haben und ich Sie nicht beleidigen will, werde ich Sie um einen Gunstbeweis bitten: Die lange Rede nach dieser Schlacht hat mich durstig gemacht. Lassen Sie mir bitte etwas zu trinken bringen.«

Dies geschah. Jean-Baptiste trank einen großen Schluck auf die Gesundheit des fremden Königs, dann wurde er zu den Toren der Stadt zurückgeleitet, von wo aus er sich wieder auf das Feld des Königs, seines Herrn, begab.

Im darauffolgenden Jahr belagerten die Türken die Stadt Wien, die zum Römischen Reich gehört. Der König, sein Herr, hatte sich mit dem Kaiser verbündet, um den Ungläubigen Widerstand zu leisten, und Jean-Baptiste lag mit der Armee vor der bedrängten Stadt.

Da trug es sich zu, daß Jean-Baptiste wiederum in Gefangenschaft geriet. Wegen seines gutmütigen Aussehens wurde er dem Oberkommandeur der osmanischen Armee zur besonderen Verwendung zugewiesen und gewann bald dessen Vertrauen. Als er eines Abends das Zelt des Generalissimus betrat, der fromm seine Gebete zum Mond sprach, trennte der kleine Trommler dem Großen Türken geschickt den Kopf ab, verstaute diesen in einem Sack und kam so, als sei nichts geschehen, wieder unter dem Zelt hervor. Dann versteckte er sich in einem leeren Faß und erwartete den Morgen.

Am nächsten Tag gab die türkische Armee, ihres Oberhauptes beraubt, die Belagerung in der größten Verwirrung auf und floh zurück nach Konstantinopel.

Als die verbündeten Truppen das verlassene Feld besetzten, entdeckten sie Jean-Baptiste in seiner Tonne versteckt, den Beutel zwischen den Knien und darin den Kopf des Großen Türken.

Jean-Baptiste erfuhr nun, daß er die Christenheit errettet hatte.

Da der Papst ihn dringend zu sehen wünschte, wurde er unverzüglich nach Rom gebracht, wo er von der Reise sehr ermüdet ankam. Die Begeisterung des Volkes trug ihn auf den Schultern bis zum päpstlichen Palast, wo der arme Junge lange im Vorzimmer warten mußte, während er von einem

Fuß auf den anderen hüpfte und darauf wartete, von Seiner Heiligkeit empfangen zu werden.

Nach einer sehr langen Stunde führte man unseren Trommler endlich zum Heiligen Vater, der dem Helden des Tages im Namen der gesamten Christenheit feierlich dankte und ihn dann fragte:

»Dein Gesicht gefällt mir. Willst du deine Feldmütze nicht gegen einen Kardinalshut eintauschen? Vielleicht wirst du den Thron des Heiligen Petrus nach meinem Tode erben?«

»Eure Heiligkeit«, antwortete Jean-Baptiste, »ich bin ein Kind des Elends und Soldat aus purer Not. Ich fühle mich keineswegs dazu berufen, ein kirchliches Amt zu bekleiden, und glaube ernsthaft, daß ich einen kümmerlichen Kardinal abgeben würde. Nun ich dies gesagt habe, möchte ich dennoch Eure Großzügigkeit in Anspruch nehmen. Erlaubt mir bitte, mich jetzt hinsetzen zu dürfen, denn ich bin todmüde.«

Man brachte einen Stuhl. Der Papst unterhielt sich noch eine lange Weile mit dem kleinen Trommler, bedachte ihn mit seinem apostolischen und römischen Segen und zog sich daraufhin zurück, solche mit soviel Mut gepaarte Einfalt aufs höchste lobend.

Jean-Baptiste war eingeschlafen.

Am nächsten Tag hatte ihn Rom vergessen.

Am übernächsten Tag verließ er die Ewige Stadt, die Nase im Wind und die Hände in den Taschen. Er ging zu Fuß fort, zurück in die Dienste des Königs, seines Herrn.

Einige Zeit später erhoben sich die bretonischen Bauern gegen ihre Herren. Als Jean-Baptiste, der nicht weit von dem Ort Krieg führte, erfuhr, daß die Armen sich vereint hatten, um das Joch ihrer Herren abzuschütteln, begann er zum ersten Mal in seinem Leben zu denken. Als er damit fertig war, desertierte er und schloß sich den aufständischen Bauern an.

Und Jean-Baptiste schlug sich von neuem tapfer, trommelte aus Leibeskräften zum Sturm auf die Schlösser der Herren, trommelte bis zum Bersten zum Appell für eine neue Welt, eine Welt, in der es keine Mächtigen und keine Elenden mehr geben würde, in der die Soldaten ihre Waffen niederlegten, um den Sterz des Pfluges zu ergreifen.

Aber es war noch zu früh, als daß die große Uhr der Geschichte die Stunde der Freiheit hätte schlagen lassen.

Die Bauern wurden besiegt. Jean-Baptiste gehörte zum letzten Karree der Aufständischen. Am Ende fiel er und war zufrieden, zu sterben, weil das Leben für ihn plötzlich seinen Sinn verloren hatte.

Da erschien eine Frau, die kaum zwanzig Jahre zählen mochte. Sie war nicht sehr groß, besaß breite Hüften, einen zierlichen Oberkörper und kräftige Hände und Füße. Sie hatte eine niedrige Stirn, hervorspringende Backenknochen, eine hochmütige Nase, große und sehr weiße Zähne, und ihre Unterlippe hatte seltsamerweise einen doppelten Rand. Der falbe Busch ihrer Haare war von Efeu umrankt. In der rechten Hand trug sie ein Szepter von blühendem Weißdorn. Ihr meergrüner Blick glich einer aufgewühlten See.

Es war die Liebe Frau Anna, die Großmutter der Bretonen. Sie nahm ihn bei der Hand und führte ihn in den Himmel, wo er vor Gottvater erschien, und Gottvater sagte zu ihm:

»Jean-Baptiste, ich bin der ewige Herr. Du warst dem König, deinem Herrn lange treu, und das verdient Lob. Du hast in Wien die Christenheit errettet, und das ist noch lobenswerter. Schließlich bist du aus den Diensten des Königs ausgeschieden, um den armen Leuten zu folgen, und das war gut. Siehe: Ich werde dich in ein Land von Milch und Honig führen, wo du deine Trommel und die Stöcke gegen die Harfe der Auserwählten tauschen wirst.«

»Unser Vater, der du so fern den Menschen bist«, antwortete Jean-Baptiste, »ich war ein Kind des Elends und Soldat aus purer Not. Ich liebte meinen Beruf als Trommler und verstehe nichts vom Fingerspiel auf der Engelsharfe. War mein Leben auch kurz, so war es doch sehr ereignisreich, denn das Leben ist wirklich hart zu den armen Leuten. Ich bin durch ganz Europa marschiert, die Trommel an der Seite, die Stöcke in der Hand; mein Körper ist müde. Ich habe die einzige Schlacht, in der ich mit ganzer Seele dabei war, verloren; das Herz ist mir schwer. Behaltet also, oh Herr, Euren glorreichen Himmel und Eure wohlklingenden Harfen. Ich habe nur den einen Wunsch, mich im Schoß der Erde auszustrecken und eine traumlose Ewigkeit lang zu schlafen.«

»Es sei«, sprach Gottvater und löste sich auf wie ein Luftgespinst.

Und Jean-Baptiste, das Kind des Elends, fiel in einen traumlosen Schlaf für die Ewigkeit.

Die Verdammten

Die Jüngere der beiden Frauen mochte kaum zwanzig Jahre zählen. Sie war nicht sehr groß, besaß breite Hüften, einen zierlichen Oberkörper und kräftige Hände und Füße. Sie hatte eine niedrige Stirn, hervorspringende Backenknochen, eine hochmütige Nase, große und sehr weiße Zähne, und ihre Unterlippe hatte seltsamerweise einen doppelten Rand. Ihr meergrüner Blick glich einer aufgewühlten See. Der falbe Busch ihrer Haare war von Efeu umrankt. In der rechten Hand trug sie ein Szepter von blühendem Weißdorn – doch auf welcher Seite welcher Brücke mochte sie Anfang Dezember wohl diesen blühenden Zweig gebrochen haben?

Die andere Frau war zeitlos wie die Lumpen, die an ihr herabhingen. In majestätisches Elend gekleidet, bildete sie eine starre Einheit mit der Erde, in deren Schoß sie Wurzeln geschlagen zu haben schien. Schütteres weißes Haar, ein verschwommener Blick von fernen Opalen, eine gewalttätige Nase, die sich über die Höhlung eines zahnlosen Mundes bog, dessen gewundener Weg sich in den zahllosen Spalten des Gesichts aus Granit verlor. Ihre beiden Hände verschränkten sich um den Henkel eines Weidenkorbes, der mit Weizenkörnern gefüllt war.

Es wurde Abend.

Von nirgendwoher aus der Nacht der Zeiten aufgetaucht, warteten die beiden Frauen ohne Namen am Wegesrand auf den Zug der Besiegten.

Als letzte Überbleibsel der Truppen des Balp, die in der Schlacht von Tymeur aufgerieben worden waren, flohen sie seit fast zwei Monaten zur Nordküste, von wo aus sie die rettende Insel Jersey zu erreichen hofften. Sie waren die Geschlagenen, Verfluchten, die Aussätzigen. Bedroht und eingeschüchtert durch die von Paris angeordneten Unterdrükkungsmaßnahmen, reckten die Leute aus den Dörfern, durch die sie gelangten, die Faust gegen sie und überschütteten sie mit Spott und Verwünschungen.

Denn die Hoffnung, die in der Zeit der Kirschen aufgeblitzt war, war in einem Meer von Tränen und Blut ertrunken.

Ihre Waffen hatten sie schon längst verloren oder fortgeworfen. Ihre Lieder vergessen. Mit gesenktem Kopf schleppten sie sich an einem Stock humpelnd oder zwischen zwei Behelfskrücken baumelnd verstört auf den Wegen der Verzweiflung dahin. Sie waren die wahren Söhne der Erde. Sie hatten sich erhoben, um ihren Brüdern das alte Leibgedinge wiederzugeben, und nun spien dieselben Brüder ihnen ins Gesicht. Und das Gewicht der Verdammnis, das auf ihren Schultern lastete, ließ sie schließlich in ihren eigenen Augen als die Schuldigen erscheinen. Wie viele waren auf dem Weg an ihren Verletzungen, vor Hunger, vor Erschöpfung gestorben? Wie viele, die gefangengenommen worden waren, schaukelten bereits am Galgen, an den Eichen der großen Wege? Wie viele warteten auf hartem Stroh auf den Tag, an dem der Henker ihnen mit einer Eisenstange die Glieder einzeln brechen würde – den Tag, an dem sie angekettet auf die Galeere gehen würden, in der Hand die Schleifkugel, die mit einer Kette an ihrem rechten Fuß befestigt war.

Fliehen.

Zur Küste gelangen.

In ein Boot nach Jersey.

Wer Leid sät, erntet Gewalt. Die Saat war aus Versailles gekommen: neue Schikanen, neue Steuern... So wie es oft geschieht, war das, was mit frohem Lachen und Liedern begonnen hatte, im *ite missa est* des Todes geendet.

Juli sechzehnhundertfünfundsiebzig: Die Abgeordneten von 14 Gemeinden von Douarnenez bis Concarneau hatten sich in der Kapelle von der Tréminou, unweit von Pont-l'Abbé versammelt, um gemeinsam die Grundlagen für eine neue, herrschaftslose, egalitäre, gastliche und brüderliche Gesellschaft zu schaffen. Es war Kirschenzeit. Die Erntezeit ließ nicht mehr lange auf sich warten. Doch wußte noch niemand, daß die meisten der Ähren, deren Spitzen sich bereits bis zum Boden neigten, ihre Frucht vergebens im Herbstwind wiegen würden, da sie nicht zur rechten Zeit geerntet werden würden.

Niemand wußte bislang, daß der Tod seine Sense wetzte, um anderes zu mähen.

Währenddessen diktierten die Abgeordneten der Kapelle von der Tréminou dem Notar folgendes, was von einem gewissen Jean le Roux hätte in Liedform gebracht werden können, einem Geistlichen mit Tonsur (du gefällst mir, kleiner Landpfaff, der du treu deine Herde zu den grünen Weiden der Utopie, dann auch in die Hölle begleitet hast) – Jean le Roux also, der ebenfalls den Himmel auf Erden wollte und später die große Wiese auf der Galeere des Königs mähte:

> Dem Fiskus samt seinem Gesindel
> sind zuzusperren Türn und Zaum,
> wer ein sie läßt, begeht schon Schwindel,
> wird baumeln dann am nächsten Baum.
> Richter, Anwälte und Notare

dürfen nicht mehr münzen das Recht,
Priestern und Mönchen sind Altare
kein Ladentisch mehr fürs Geschäft.
Das Töchterlein der Edelleute
das wird der Bauerntrampel frein,
uns all' gehört das Land ab heute,
das freie Wild ist dein und mein.
An Sonnen- und an Feiertagen
da wird in jedem Gotteshaus
den freien Bauern aufgetragen
Rauch- und Kautabak kostenlos!

Tabak und geweihtes Brot. Es war die Zeit der Kirschen.

Am sechsten Juli beginnen die Glocken von 21 Gemeinden zu schlagen. Als es zu läuten anfängt, setzen Tausende von Bauern die rote Mütze auf und eilen auf die Wege, bewaffnet mit Sensen, Mistgabeln, alten Gewehren. Einige Tage später steht die ganze Niederbretagne von Pont-l'Abbé bis zu den Sieben Inseln, von Saint Herhot bis Saint Hernin in Flammen. Die Aufständischen wählen einen Anführer: den Balp. Mit dem Balp an der Spitze erstürmten sie die Schlösser und setzten ihnen den roten Hahn aufs Dach.

Sie besetzten und plünderten die Büros und Lager des Fiskus.

Sie verbrannten die Schuldforderungen und zerstörten die Urkunden, sie soffen und fraßen, trunkener von der Hoffnung und den Liedern als vom tonnenweise beschlagnahmten Wein des Steueramtes.

Rot war die Zeit der Kirschen...

Die Bürger in den Städten, die Barone auf ihren Gütern lernten das Zittern.

Das Laub wirbelte im Septemberwind, als, in Eisen gepanzert, die Reiterei der Krone kam, um die Ernte der Hölle einzufahren.

Der Balp starb durch Verrat, ermordet durch den Oberst de Montgaillard, einen Offizier des Königs.

Die Bauern, die in der Schlacht von Tymeur vernichtend geschlagen wurden, nahmen Reißaus. Die Dragoner des Königs Louis durchfurchten das Land in allen Richtungen und ermordeten es mit Feuer und Schwert.

Rot war die Zeit der Kirschen und rot die Rosen von einst.

Rot tropfte das Blut der Schuldigen wie Unschuldigen auf die Hemden.

Von nirgendwoher aus der Nacht der Zeiten aufgetaucht, warteten die beiden namenlosen Frauen am Wegesrand auf den Zug der Besiegten.

Krücken und Stöcke wurden langsamer, als die Verdammten, die letzten Flüchtlinge der Armee des Balp, alle zugleich ihren toten Blick auf die beiden Hüterinnen des Weges richten: die, die den ewigen Lenz des Geschlechtes darstellt und die, die mitten im Winter die Unsterblichkeit der Erde bezeugt, im Einklang mit dem Wechsel der Jahreszeiten.

Und, während die Frau mit dem Weißdornzweig die alten Worte ausspricht, die beim Blut der Ahnen Sieger und Besiegte segnen, bestreut die Alte, die mechanisch in ihren Weidenkorb greift, im Vorbeigehen jeden einzelnen ihrer Söhne mit einer Handvoll Weizen.

Aus Pferdemund

Als der Mann am anderen Ende des Feldes angekommen war, das er pflügte, hielt er sein Gespann an und begann kurze Pfiffe auszustoßen, damit Philibert sich auspisse. Als das Pferd fertig war, wendete der Mann seinen Pflug mit der Hand, um eine neue Furche zu beginnen und schnalzte mit der Zunge, um seinem Tier zu verstehen zu geben, daß die Pause beendet sei.

Statt sich jedoch wieder ins Zeug zu legen, um den Pflug in Bewegung zu setzen, blieb das Pferd einfach stehen, alle viere im Boden eingewurzelt. Das Pferd schüttelte den Kopf und erklärte bedächtig, seine Worte einzeln fallenlassend, daß es genug habe, daß das Leben, das es führe, kaum lebenswert sei und daß es, verdammt noch mal, beschlossen habe, dieses Leben zu ändern.

»Verdammt noch mal«, schrie seinerseits der Landmann und vergaß ganz das Vorhandensein seiner Peitsche – nicht daß er besonders gut zu Tieren gewesen wäre, aber er hatte noch nie ein Pferd sprechen hören, ein Pferd, das an Sprechfluß litt und fortfuhr:

»Nehmen Sie mir bitte die Beißstange, den Zaum, die Scheuklappen ab und dieses Kummet, das Geschirr und den Schwanzriemen, die Zügel und den Bauchgurt.«

Der überrumpelte Bauer gehorchte und begann nachzudenken:

»Um drei Uhr nachmittags, an einem Wochentag obendrein, kann ich unmöglich besoffen sein. Ich bin lediglich müde, seit fünf Uhr morgens bearbeite ich diese Parzelle mit bloß einer halben Stunde Mittagspause. Ich bin wohl etwas durcheinander und habe angefangen, Stimmen zu hören.«

»Sie sind durchaus noch bei Sinnen«, antwortete das Pferd, »und Sie haben mich ausgezeichnet verstanden. Nebenbei möchte ich Ihnen mitteilen, daß auch ich seit fünf Uhr heute morgen auf dem Feld schufte und daß ich, verdammte Scheiße nochmal! die Nase voll habe.«

»Da ich nicht besoffen bin, muß ich wohl verrückt geworden sein«, folgerte der Landmann und weigerte sich, eine Tatsache anzuerkennen, die die natürliche Ordnung der Dinge völlig auf den Kopf stellte und alles Herkömmliche über den Haufen warf.

»Weder verrückt noch besoffen, das kann ich Ihnen versichern«, sagte das Pferd. »Sie befinden sich in Ihrem Normalzustand und sind im Vollbesitz Ihrer geistigen Kräfte.«

»Wenn ich weder besoffen noch verrückt bin«, fragte der Mann, »wie kommt es dann, daß ich mit einem Pferd plaudere? Es hat noch niemand ein Pferd reden hören, Pferde reden nicht, das ist allgemein bekannt.«

»Wenn Pferde nicht reden«, erwiderte das Pferd begütigend, »dann nehmen wir doch einfach an, ich sei ein Mensch und Sie ein Esel, und die Sache ist erledigt.«

»Also nein«, schrie der Bauer, »ich muß feststellen, daß es dir nicht an Dreistigkeit mangelt! Ich weiß nicht, was mich davon abhält...«

»Was Sie abhält, kann ich Ihnen sagen«, antwortete Philibert, »was Sie davon abhält, Ihre Peitsche zu nehmen und mir damit die Seiten zu streicheln, ist ganz einfach die Tatsache, daß Sie, ohne verrückt geworden oder besoffen zu sein, einer Wirklichkeit gegenüberstehen, die Ihre persönliche Erfahrung übersteigt und die Grenzen Ihres IQ überschreitet, weswegen es Ihnen unmöglich ist, auf den Reiz angemessen zu reagieren.«

»Jesses, Maria und Joseph!... Sie reden wie der Hl. Johannes Goldmund, Herr Pferd. Aber machen wir es kurz und bündig – ich habe im übrigen den Eindruck, daß ich durch das Gespräch mit Ihnen dabei bin, das Wieso und Warum der Dinge verstehen zu lernen. Nun hören Sie mir gut zu: Als ich Sie letztes Jahr auf dem Viehmarkt von Quimper erstanden habe, so geschah das, um Ihren Vorgänger zu ersetzen, der mir mehr als zwanzig Jahre lang treu gedient hat, ein Pferd ohne Phantasie, zugegeben, aber brav und fleißig, keine Leuchte, nein, aber kräftig und guten Willens im Überfluß. Ich muß auch zugestehen, daß ich, was Sie betrifft, Ihre Dienste bis zum heutigen Tag nur loben kann, in dem Maße, wie Sie sich anständig Ihrer Rolle als starke Hilfskraft entledigt haben, ohne den Gelehrten spielen zu wollen. Und nun sind Sie plötzlich von der Tarantel des Protests gestochen worden, und ohne Vorwarnung fordern Sie den Status eines freien Menschen. Und überhaupt, was ist das eigentlich, Freiheit? Bin ich vielleicht frei?«

»Selbstverständlich sind Sie es«, entgegnete Philibert, »jedenfalls solange Sie ausdrücklich oder zumindest stillschweigend darin eingewilligt haben, das zu bleiben, was Sie sind, nämlich ein Sklave: Sklave Ihrer Vorurteile, beispielsweise dessen, das den Tieren das Recht zu sprechen und zu verstehen vorenthält, Sklave Ihrer alten Gewohnheiten, beispielsweise der, sich den lieben langen Tag abzurackern und zwar das ganze Jahr über, ohne Hoffnung, Ihr Los eines Tages verbessern zu können, ohne auch nur daran zu denken, die althergebrachte Ordnung in Frage zu stellen, Sklave Ihrer geistigen Faulheit, um es mit einem Wort zu sagen und Ihrer mangelnden Phantasie. Ich, für meine Person, bin überzeugt, daß die Befreiung des Pferdes vom Pferd selbst ausgehen muß, und ich habe beschlossen...«

Die Diskussion drohte in eine Streiterei über das Wesen der Freiheit und die Wege, sie zu erlangen, auszuarten, als auf dem Rücken des Pferdes eine Frau Gestalt annahm, die kaum zwanzig Jahre zählen mochte. Sie war nicht sehr groß, besaß breite Hüften, einen zierlichen Oberkörper und kräftige Hände und Füße. Sie hatte eine niedrige Stirn, hervorspringende Backenknochen, eine hochmütige Nase, große und sehr weiße Zähne, und ihre Unterlippe hatte seltsamerweise einen doppelten Rand. Der falbe Busch ihrer Haare war von Efeu umrankt. In der rechten Hand trug sie ein Szepter von blühendem Weißdorn. Ihr meergrüner Blick glich einer aufgewühlten See.

»Herrjemineh!« schrie der Mann und bekreuzigte sich, »das ist ja ein starkes Stück!« Worauf er auf die Knie fiel und eifrig anfing zu beten:

»Gegrüßet seist du Maria, voll der Gnade, der Herr ist mit dir, du bist gebenedeit unter den Weibern, und gebenedeit ist die Frucht deines Leibes, Philibert... Oje! Entschuldigen Sie, Frau Maria, aber versetzen Sie sich ein wenig in meine Lage: Seit mindestens einer halben Stunde hält mich mein Pferd zum Narren, so daß ich inzwischen nicht mehr fähig bin, den Himmel von einem Dudelsack zu unterscheiden, Wahrheit von Lüge, Tag von Nacht und Mensch von Pferd. Und obendrein fallen Sie mir vom Himmel hoch herunter rittlings auf den Rücken von diesem Lumpenkerl Philibert. Was zuviel ist, ist zuviel. Geben Sie zu, daß das Begriffsvermögen eines ungebildeten Bauern bei weitem überstrapaziert worden ist, und daß man es mir verzeihen muß, wenn ich mich beim Ave Maria verheddere... Aber, da fällt mir gerade ein: Wenn ich meinem Pferd glauben darf, wenn es behauptet, daß ich weder verrückt noch besoffen bin, dann ist die Erklärung für die ganze Sache hier einfach die, daß ich träume. Philibert, tritt mir bitte einmal in den Hintern, damit ich wieder in mein Bett falle.«

»Sie haben es so gewollt«, antwortete das Pferd höflich, indem es seinem Herrn einen meisterlichen Tritt versetzte, der diesen zehn Schritt weit fliegen ließ, alle viere in die Luft gestreckt.

Nachdem er sich wieder aufgerappelt hatte, schüttelte sich der Landmann, zählte seine blauen Flecken und machte: »I-aah!«

Die Frau, die auf dem Rücken von Philibert saß, brach in schallendes Gelächter aus und sprach zu dem armen Teufel:

»Bist du jetzt davon überzeugt, nicht zu träumen, Du Trottel?«

»I-aah«, bejahte der Mann und nickte.

»Hör also auf, den Esel zu spielen und kehre zur artikulierten Sprache zurück, die Mensch und Pferd zu eigen ist.«

»A-iih!« machte der Mann und schüttelte den Kopf.

»Solltest du etwa beschlossen haben, für den Rest deiner Tage ein Esel zu bleiben?«

»I-aah!«

»Und darf man fragen, warum?«

...

»Der Wortschatz meines Herrn, beziehungsweise meines ehemaligen Herrn«, unterbrach Philibert, »beschränkt sich nunmehr auf die Bejahung ›I-aah‹ und die Verneinung ›A-iih‹; die einzige Möglichkeit, mit ihm zu sprechen, besteht darin, ihm klare Fragen zu stellen, auf die er mit ja oder nein antworten kann.«

»I-aah! I-aah!« bestätigte der Bauer.

»Um es kurz zu machen«, fuhr das Pferd fort, »erlauben Sie mir, Madame, eine Hypothese zu formulieren, die auf der

Psychologie des Menschen basiert, in der ich mich inzwischen in gewisser Weise auskenne.«

»Nur zu, mit Deiner Hypothese«, sagte die Frau.

»Das scheinbar abweichende Verhalten dieses Zweibeiners ist in Wirklichkeit völlig logisch, wenn man seine Geschichte betrachtet. Auf der untersten Stufe der sozialen Leiter auf die Welt gekommen, ohne Hoffnung, eines Tages eine höhere Sprosse erreichen zu können, aber ergeben in sein Schicksal, sah dieser Unglückliche es bis heute als seine einzige Würde an, sich in der artikulierten Sprache der sogenannten höherstehenden Rasse auszudrücken, was ihn, wie er meinte, weit über die Tiere erhob, mit denen er ständig zusammenlebte. Mich in derselben Sprache philosophieren zu hören, hat ihn derart entsetzt, daß er, weil er sich weigert, mich als seinesgleichen anzuerkennen, keine andere Lösung findet, als sein Menschsein aufzugeben und sich in den animalischen Zustand zu versetzen, worin er sich vor jedem weiteren Schock dieser Art geschützt fühlt. Habe ich recht oder nicht, mein ehemaliger Herr und Meister?«

»I-aah!«

»Nun, Bauer«, sagte die Frau, »du bist also fest entschlossen, für ewig ein Esel zu bleiben?«

»I-aah!«

»Dem steht nichts im Wege. Wir werden dich Langohr nennen, das ist ein sehr passender Name für einen Esel.«

»Weil wir gerade dabei sind«, fiel das Pferd ein, »auch ich möchte meinen Namen ändern. Ich finde Philibert lächerlich und möchte gern Hippolyt genannt werden. Das ist ein sehr passender Name für ein emanzipiertes Pferd.«

»Einverstanden, Hippolyt«, sagte die Frau und hielt den Weißdornzweig, den sie in der Hand hatte, über ihren Kopf.

Der Bauer sah nun den, der sein Pferd gewesen war, ein

Paar ganz neuer Flügel ausbreiten und, mit der Frau auf dem Rücken, gen Himmel galoppieren, wo beide in einer Wolke verschwanden.

Und der Bauer, ergeben in sein Schicksal, hob von der Erde die Beißstange, den Zaum, die Scheuklappen, das Kummet, das Geschirr, den Schwanzriemen, die Zügel und den Bauchgurt auf, spannte sich selbst vor den Pflug und begann mit gesenktem Kopf eine neue Furche zu ziehen.

Das Götzenbild

Aus einem Granitblock gehauen, hatte das Götzenbild, das am Rande des römischen Lagers stand, zuerst unter dem Namen Priapus über die Fruchtbarkeit von Menschen und Tieren gewacht. Unter dem Druck der Barbaren hatten sich Cäsars Legionen schließlich auf den italienischen Stiefel zurückgezogen und das verlassene Lager war von der grünen Flut des Waldes eingehüllt und überschwemmt worden. Die Befestigungen aus Stein und Erde waren allmählich zerfallen und die Holzbauten wieder zu Mutterboden geworden. Das Götzenbild blieb unzerstört.

Auf einen anderen Namen getauft, hatte es ganz selbstverständlich den gleichen Segen und die gleiche Gnade den Bauern und Hirten zuteil werden lassen, wie früher den Soldaten. Das Gras hatte den Weg zu der Anhöhe, auf dem sein Sockel stand, nicht überwuchert, und die Zweige der nahen Bäume wurden immer noch von den aus bunten Wollfäden gestrickten Blumen umrankt.

Die Samen eines neuen Glaubens, die die Besatzer vor ihrem Abzug gesät hatten, hatten in der Zwischenzeit in Städten wie Vannes, Aleth oder Quimper Wurzeln geschlagen, deren Bischof rasch den leeren Stuhl des ehemaligen römischen Magistrats einnahm. Von diesen Städten aus hatte sich die Botschaft Christi unter der heidnischen Landbevölkerung verbreitet, denn dort, wo die Überzeugungskraft der kirchlichen Missionare versagte, setzte der Zwang der Haudegen erfolgreich ein.

Im Falle des Götzenbildes erwiesen sich Überzeugungskraft wie Zwang als wirkungslos. Als der Bischof von Cornouaille gemerkt hatte, daß die Menschen der Wälder und Felder weiterhin einige Meilen von seiner Bistumskirche entfernt das schamlose Abbild eines Fauns anbeteten, schickte er eines Tages eine Gruppe Söldner aus, die aus dem Berberland stammten, mit dem Befehl, den Stein des Anstoßes zu beseitigen. Nun, nachdem sie einige geile Witze über die Anhängsel des Waldgeists gemacht hatten, beschränkten sich die Haudegen darauf, diese Merkmale mit dem Hammer abzuschlagen und warfen das Los über sie; dann stürzten sie das Standbild von seinem Sockel und kehrten zu ihren Baracken zurück, wo sie die ordnungsgemäße Ausführung des Befehls meldeten.

Als die Soldaten fort waren, beeilten sich die Bauern und Hirten, das Götzenbild wieder auf die Füße zu stellen, und es erwies sich alsbald, daß die Verstümmelung, die es erlitten hatte, seiner Heilkraft keineswegs Abbruch getan hatte.

Einige Menschenalter später zerstörten und verwüsteten die Piraten aus dem Norden erst die Städte an der Küste, dann die im Landesinneren bis auf den letzten Stein. Das Land befand sich wiederum in dem Zustand, den die Römer früher Barbarei genannt hatten, und das Christentum verwelkte gleich bei seiner ersten Blüte, bevor es auf dem Land hatte Wurzeln fassen können.

Das Götzenbild jedoch tat weiter seine Pflicht.

Im 5. Jahrhundert fiel ein anderes Volk in das Land ein, auch dieses war über das Meer gekommen. Im Gegensatz zu den Piraten des Nordens sprach dieses Volk, das sich bretonisch nannte, jedoch fast die gleiche Sprache und hatte fast die gleichen Sitten wie das Volk von Armorika, mit dem es sich bald vermischte und so verschmolz, daß man der ganzen Gegend seinen Namen gab. Im Gefolge der Bretonen tauchten bald Missionare aus Wales und Irland auf, die die Bretagne in alle Richtungen durchfurchten, um zum zweiten Mal das Samenkorn des guten Sämanns zu verbreiten, und so geschah es, daß die Kirche Christi auf der Halbinsel endgültig Fuß faßte.

Nun trug es sich zu, daß einer dieser Missionare, mit Namen Morvan, seine Klause nicht weit vom Götzenbild einrichtete. Weiser als der frühere Bischof, beschränkte sich Morvan darauf, das Standbild mit Weihwasser zu benetzen, die heiligen Worte dazu zu sprechen und beließ es auf seinem Platz. Die Heiden, die dort immer noch ihre Andacht verrichteten, gewöhnten sich allmählich an den Einsiedler, dessen Anwesenheit sich rasch als ebenso segensreich herausstellen sollte wie die des alten Satyrs. Morvan kannte jedenfalls die Kräfte der Heilkräuter, er wußte auch verrenkte Glieder wieder in Ordnung zu bringen und dadurch verbreitete sich sein Ruf in der ganzen Gegend. Weniger als zwanzig Jahre später priesen die Menschen der Wiesen und Felder, der Heide und des Waldes auf lateinisch das Lob des Gottes von Morvan, der inzwischen Abt eines kleinen Klosters geworden war, das er auf dem Gebiet des ehemaligen römischen Lagers gegründet hatte. Morvan, der seine Gegenwart an diesem Ort nun als nicht mehr notwendig erachtete, bezeichnete einen Nachfolger als Oberhaupt der Herde seiner Mönche und seiner Gemeinde, schnallte neue Sandalen an, ergriff seine Flasche, seinen Pilgerstab und, auf den Spuren der Seligen Gall und Kilian, Oswald und Colomban wandelnd, zog er aus, die Frohe Botschaft nach Germanien zu bringen.

Nach einigen Menschenaltern verwischte sich die berührbare ständige Gegenwart des Götzenbildes mit der unklaren Erinnerung an den Einsiedler, der es einst getauft hatte und das Götzenbild wurde Morvan genannt. Angenagt von den Unbilden des Wetters, erinnerte es kaum mehr an eine menschliche Gestalt. Zu seinen Füßen sprudelte eine kühle Quelle in einem riesigen Steintrog, von dem in einem »Leben des St. Morvan«, das im 9. Jahrhundert von einem Mönch des Klosters verfaßt worden war, behauptet wurde, daß er den Seligen über die Wellen getragen habe, von den Ufern von Wales bis zur Mündung des Moros-Flusses. Es geschah, wie der fromme Legendenschreiber berichtet, daß Morvan, nachdem er mit dem Teufel eine Wette abgeschlossen hatte, diesen Trog auf seinen Rücken geladen und zu dem Ort getragen hatte, an dem er sich heute noch befindet.

Dasselbe »Leben« überliefert uns auch, wie sich das segensreiche Tun des Heiligen zum ersten Mal bei denen kundtat, die um sein Eingreifen baten:

An einem Tag des Johannisfestes kamen zwei Pilger, Mann und Frau, mit Namen Ursula und Alain, zum Abt, um ihn zu bitten, ihre bis dahin unfruchtbare Ehe mit Kindern zu segnen. Nachdem der Diener Gottes den Mann einen selbstgebrauten Trank hatte einnehmen lassen, der diesen in einen tiefen Schlaf versetzte, hatte der Abt die Frau die Nacht in der Nähe des Trogs verbringen heißen, den er damals an diese Stelle gesetzt hatte. Es war Vollmond. Der betörende Duft der Blumen, das gläserne Zirpen der Insekten und das heftige Funkeln der Sterne priesen einstimmig die Glorie des Herrn.

Am folgenden Tag versicherte Alain, im Traum eine Frau gesehen zu haben, die kaum zwanzig Jahre zählen mochte. Sie war nicht sehr groß, besaß breite Hüften, einen zierlichen Oberkörper und kräftige Hände und Füße. Sie hatte eine niedrige Stirn, hervorspringende Backenknochen, eine hochmütige Nase, große und sehr weiße Zähne, und ihre Unterlippe hatte seltsamerweise einen doppelten Rand. Der falbe

Busch ihrer Haare war von Efeu umrankt. In der rechten Hand trug sie ein Szepter von blühendem Weißdorn. Es handelte sich offenbar um die Jungfrau Maria, die ihm verkündete, daß Ursula, seine Frau, am ersten Frühlingstag Zwillinge zur Welt bringen würde.

Ursula war weit weniger gesprächig als ihr Gatte, aber der Zustand sanfter Verzückung, in dem sie sich befand, verriet unzweifelhaft, daß sich der Finger des Heiligen Geistes in ihr Herz gesenkt hatte.

Als sich die beiden Pilger übers Jahr erneut einstellten, um dem Hl. Abt ihre Dankbarkeit zu erweisen, hatte der Mann beide Arme voller Opfergaben und die Frau trug in den ihren zwei kräftige Säuglinge, einen Knaben und ein Mädchen, die Morvan auf der Stelle David und Abigail taufte.

Der glückliche Vater, der schon mehr als achtzig Jahre alt war, bestand darauf, daß ihm nochmals die Gnade der Vaterschaft zuteil werde, und die Frau, die erst neunzehn Lenze zählte, erklärte errötend, in der Unterwerfung unter den Willen ihres Mannes die höchste Erfüllung zu finden.

Und dieser Wille geschah.

Zwölf Monate später kam das Paar erneut mit zwei prächtigen Kindern, Knabe und Mädchen, zum seligen Morvan.

Das Wunder wiederholte sich unter den gleichen Umständen zehn Jahre hintereinander, worauf der alte Mann sein Lebenslicht inmitten der Seinen ausblies, während er Gott in der Höhe lobpreiste und auf Erden die Menschen, die guten Willens sind.

Das »Leben des St. Morvan« berichtet schließlich über die Auffindung der Reliquien des Seligen durch einen blinden Mönch im 8. Jahrhundert, deren Echtheit sich in einer Fülle von Wundern erwies, die sie vollbrachten. Diese Gebeine wurden in einem massiven Silberschrein aufbewahrt, der mit

Juwelen besetzt war und auf dem Hochaltar der Klosterkirche seinen Platz fand.

Jahrhunderte vergingen.

Um das Jahr tausend entstand bei den Männern und Frauen von Cornouaille, die um ihre Fruchtbarkeit bangten, der Brauch, ihre entblößten Körper nachts in dem wundertätigen Steintrog zu baden. Die heilkräftige Wirkung dieser Waschungen sollte noch erhöht werden, wenn sie bei Vollmond genommen wurden. Die Erfahrung lehrte nun, daß sie ihren Höhepunkt erreichte, wenn im Bad Paare verschiedenen Geschlechts zusammenkamen, sofern Mann und Frau nicht durch das eheliche Band zusammengehalten wurden.

Die Mönche erblickten darin keinen Frevel, denn die heilige Schirmherrschaft, unter der dieses nächtliche Zeremoniell stattfand, genügte, um selbst den Gedanken an Sünde fernzuhalten. Außerdem stellten die Sühne- und Dankesopfer, die die Pilger darbrachten, die Hauptquelle der reichlich fließenden Einnahmen der Abtei dar. Die einzige Einschränkung, die der Abt den Kandidaten für das Wunder auferlegte, war, ihre Nacktheit unter einem langen Hemd aus Hanf zu verbergen, das kein einziges Loch aufweisen durfte, bevor sie in das reinigende Gewässer sprangen.

Der Reichtum des Klosters erregte dreimal im zwölften Jahrhundert die Habsucht von Räubern, die es jedesmal gestürmt, ausgeplündert und gebrandschatzt hatten. Nachdem sie ihr Haus zweimal aus der Asche wieder aufgebaut hatten, verloren die Mönche den Mut, als sie feststellten, daß die letzten Angreifer sich nicht wie ihre Vorgänger damit zufriedengegeben hatten, die Juwelen von der Truhe, die zu schwer zum Fortschleppen war, abzulösen, sondern daß sie diesmal die Gebeine gestohlen hatten, auf denen doch der Wohlstand der Gemeinschaft beruhte. Barfüßig, den Pilgerstab in der Hand und den Sack der Bettelmönche auf dem Rücken, zerstreuten sie sich in alle vier Himmelsrichtungen.

Und der starrsinnige Wald überwucherte wiederum mit seinen Wurzeln den Platz des Klosters, so wie er es schon einmal mit dem Platz des römischen Lagers getan hatte, während im Gegensatz zu dem, was die Mönche gedacht hatten, das Götzenbild, aus dem der Hl. Morvan geworden war, unbeirrt all denen seine Huld erwies, die es darum anflehten.

Jahrhunderte vergingen.

Um das Jahr der Gnade 1340 ließ die Gräfin Bertha, fromme Gattin des Herrn Troilus de Poulpiquet, der mehr Wert auf die Ausübung seines angeblichen Rechtes *primae noctis* als auf die Erfüllung seiner ehelichen Pflichten legte, das Standbild des Heiligen umstürzen, von dem sie behauptete, daß er ihr mehrere Male im Traum erschienen sei und dabei Gesten gemacht und Reden von sich gegeben habe, die sie des Anstandes wegen nicht näher erläutern könne. Die Bauern beeilten sich, den umgestürzten Heiligen wieder auf die Füße zu stellen und wurden dafür mit einer solchen Vermehrung ihrer Nachkommenschaft belohnt, daß es bald zu einer Hungersnot gekommen wäre, hätte nicht die Pest wieder alles ins rechte Lot gebracht.

Jahrhunderte vergingen.

Unter dem Einfluß humanistischer Lektüre unternahm es der Bischof von Quimper etwa dreihundert Jahre später, in seiner Diözese Glauben und Vernunft zu versöhnen und den christlichen Baum von den Überresten heidnischen Aberglaubens zu befreien, die an dessen Füßen sprossen. Der Kirchenfürst wurde bei diesem Werk aufs beste von einem gewissen Pater Maunoir unterstützt, einem düsteren und schreckenerregenden Mann, der bis dahin noch unbekannt war und begonnen hatte, sich einen Namen zu machen, indem er die Dudelsackspieler verprügelte, denen er auf seinen Wallfahrten begegnete. Als er von einem dieser Ausflüge zurückkehrte, erfuhr Maunoir von dem Vorhandensein des ehemaligen Götzen und ließ ihn ein weiteres Mal umpurzeln, auf einen Wagen laden und in den Moros-Fluß werfen.

Als Maunoir fort war, fischten die Dörfler ihren Heiligen am gleichen Tag wieder aus dem Fluß und stellten ihn an seinen Platz zurück unter den fröhlichen Klängen des Dudelsacks. Die daraufhin anhebende Zecherei hatte neun Monate später die Geburt von etwa hundert kleinen Christen zur Folge, und alle Knaben erhielten den Vornamen Morvan, womit man selbstredend den Bilderstürmer verspotten wollte, und alle Mädchen wurden Morgana getauft, wofür man bis heute keine Erklärung gefunden hat.

Man beschloß außerdem bei derselben Gelegenheit, daß der Tag der Wiederaufstellung des umgepurzelten Morvan auf seinen Sockel jedes Jahr mit einer großen Kirmes begangen werden sollte, die bald die Kirmes der großen Purzelei genannt wurde. Es ergab sich schließlich, daß das Götzenbild wieder einen neuen Namen und diesmal auch ein neues Geschlecht erhielt: aus dem Hl. Morvan wurde die Hl. Purzelei.

Die Große Revolution konnte dem Götzen nichts anhaben, der Republikaner wie Monarchisten ohne Ansehen ihrer Herkunft segnete. Während der Restauration wehte ein großer Wind der puritanischen Lehre über die Bretagne, der aus Frankreich gekommen war. Die kirchlichen Würdenträger, die in jener Zeit ihre Hand über den weltlichen Arm hielten, untersagten jede Kirmes. Es gelang ihnen weder, diese Pilgerfahrten zu unterbinden, noch die nächtlichen Bäder, die durch den Duft der verbotenen Frucht nur noch verlockender geworden waren. Das um so mehr, als das Volk von Cornouaille, der Verschämtheit seiner Beichtväter trotzend, darauf verzichtete, bei diesen Waschungen das lange Hemd anzuziehen, wie es ein Abt im Mittelalter vorgeschrieben hatte. Die Wunderkraft der Hl. Purzelei erlebte nun ein erneutes Aufblühen.

Es war unter Napoleon, dem dritten dieses Namens, daß eine Tochter aus gutem Hause vom Kirchensprengelbischof die Erlaubnis erhielt, an der Stelle des ehemaligen Klosters ein Nonnenstift der Magdalenerinnen zu gründen, dessen Leitung sie übernahm.

Als der Bau des Klosters fertig war, arbeiteten die Schwester Oberin und ihre Mädchen einen Monat unablässig, um die Einweihungsfeier ihres Hauses vorzubereiten, zu der der Minister für geistliche Angelegenheiten, Mgre der Bischof von Quimper und des Landes Léon, der Präfekt des Departements Finistère und der Oberbefehlshaber der in Quimper stationierten Linientruppen nebst einer Anzahl von Notabeln aus der Gegend eingeladen wurden.

Der große Tag kam heran. Nachdem man einem Militärmarsch, der von dem Fanfarenkorps der Linientruppen gespielt wurde, gelauscht hatte, hielt die Oberin eine kurze Begrüßungsansprache und ein langes Dankgebet. Der Minister unterstrich anschließend, daß der Plan der Oberin ohne die finanzielle Hilfe des Staates nicht hätte Wirklichkeit werden können, einer Hilfe, die im Rahmen der Politik der Wiederherstellung der traditionellen Werte nach dem Sturz der 48er Gleichmacher begonnen wurde und vom Kaiser nun wieder aufgenommen worden sei. Schließlich kam die Reihe an den Bischof, der Gottes Segen auf das heilige Unternehmen herabrief.

Nachdem alle Reden gehalten worden waren, stürzten sich

die Gäste auf das mit Leckerbissen überladene Buffet, und nun stimmte der Chor der Büßerschwestern eine eigens für diesen Tag von einer jungen Nonne komponierte Kantike an:

Oh Purzelei, oh heiliges Späßchen
Erbitt' für uns beim Jesuskind
Daß wir wie du im grünen Gräschen
So eifrig und so fromm auch sind.

Der Minister für geistliche Angelegenheiten, ein Voltairianer, hätte beinahe laut herausgeprustet, der Präfekt, ein Hebräer, entging nur knapp einem Anfall, der Obrist, der Thron wie Altar verehrte, schrie »Sapperlot« und kaute an seinem Schnurrbart, und Monsignore, der keineswegs dumm war, beeilte sich, den Choral zu unterbrechen und die Sitzung mit pikiertem Gesicht aufzuheben, einen Nonnenfurz in der Kehle.

Und was geschah nun? Fünfzig Dudelsackpfeifer, die in Scharen wer weiß woher gekommen waren, begannen schön auf einmal mit ihren Instrumenten einen per definitionem höllischen »Jabado« zu spielen, denn ein Jabado, das ist nichts anderes als der Tanz des Sabbats.

Die Oberin fiel in die Arme des Ministers, der Präfekt in die der Schwester Kantikenverfasserin und der Monsignore in die des Obristen, der einst im berüchtigten französischen Afrikakorps gedient hatte. Während die Soldaten auf die Magdalenerinnen zustürmten und die anderen Gäste sich ad libitum vereinigten.

Der Tanz artete rasch in eine Sarabande aus, die Sarabande ist ein Negertanz, der Negertanz in eine Orgie, die bis spät in die Nacht hinein dauerte.

Die Oberin versicherte später, daß sie beim Mondschein

den Abzug der Dudelsackpfeifer beobachtet habe, die fortfuhren, wie die Besessenen in ihre Bockshäute zu blasen. An ihrer Spitze befand sich eine Frau, die kaum zwanzig Jahre zählen mochte. Sie war nicht sehr groß, besaß breite Hüften, einen zierlichen Oberkörper und kräftige Hände und Füße. Sie hatte eine niedrige Stirn, hervorspringende Backenknochen, eine hochmütige Nase, große und sehr weiße Zähne, und ihre Unterlippe hatte seltsamerweise einen doppelten Rand. Der falbe Busch ihrer Haare war von Efeu umrankt. In der rechten Hand trug sie ein Szepter von blühendem Weißdorn.

Diese Höllenkreatur bot ihren linken Arm einem ebenso dämonisch aussehenden Wesen. Es war wie sie mit Efeu bekränzt, aber bis auf ein weites Fell, das seine Formen nur teilweise verdeckte, unbekleidet – an dieser Stelle errötete die Oberin –, es hatte spitze Ohren, tiefliegende glühende Augen und aufgeblähte zitternde Nüstern. Auf seinem breitlippigen Mund ließ es eine Panflöte hin- und hergleiten, mit der es den Dudelsackspielern den Ton angab.

Die Prozession verschwand im Wald. Die Oberin fiel in Ohnmacht.

Beim Morgengrauen entdeckte man, daß das Bild des Götzen verschwunden war.

Weihnachten am Ende der Welt

Mit der tierischen Ergebenheit der armen Leute streckte sich die Mutter hinten im Karren aus. Sie sollte ihr achtes Kind zur Welt bringen.

Sie war um sechs Uhr aufgestanden, hatte das Vieh gefüttert, die Kühe gemolken, das Schweinefutter gemengt, die Gören versorgt und ihren Mann bedient, bevor sie aufs Feld ging.

Sie selbst hatte noch nichts gegessen. Der fade Stallgeruch hatte sie angeekelt.

Sie hatte den Karren bestiegen und sich neben das Schwein gehockt.

Es war kein Geld im Haus an diesem Vorabend von Weihnachten, deshalb wollte die Mutter in Pont-l'Abbé ein Schwein verkaufen. Es war schade, die Sau zu verkaufen, bevor sie genügend abgeworfen hatte, man würde dabei mindestens drei Batzen einbüßen. Aber im Haus war kein Heller, und der Vater hatte beschlossen, die Sau zu opfern.

In Pont-l'Abbé hatte sie vom Karren herunter, das Vieh ebenfalls heruntertreiben, den Preis aushandeln, das Geld einstecken und ein Stück Fleisch für das Fest kaufen müssen. Dann mußte sie wieder auf den Karren hinauf. Die Mutter war am Ende ihrer Kräfte.

Das Gefühl des Ekels steigerte sich. Der Kopf drehte sich ihr. Abwechselnd glühend heiße und eiskalte Säfte rannen ihr durch den Leib.

Auf der Hälfte des Rückweges nahm die Mutter ihren Rosenkranz und streckte sich hinten im Karren aus. Sie sollte ihr achtes Kind zur Welt bringen.

Pater noster qui es in coelis... Ihr Bauch begann zu arbeiten.

Sanctificetur nomen tuum... Der Vater würde nicht zufrieden sein, wenn sie zurückkam: Sie hatten mindestens drei Batzen an dieser Sau verloren.

Adveniat regnum tuum... Das Kind in ihr begann zu kämpfen. Ihr Bauch bewegte sich so heftig wie stürmische See.

Fiat voluntas tua... Ihr Bauch war nur noch ein Bündel angespannter Muskeln, die auf Erlösung warteten.

Sicut in coelo... Wir werden es Noël taufen.

Panem nostrum quotidianum... Noël, Maria und Joseph! Sie hatte vergessen, der Magd Anweisungen für das Mittagsmahl zu geben.

Et dimitte nobis... Es wird ein Bauer werden, ein sehr armer Bauer. Ein Bauer ohne Land: der Älteste bekommt den Hof.

Sicut et nos dimittimus... Ein heftiger Stoß warf sie auf die Seite. Die Mutter schrie.

Et ne nos inducas... Vielleicht, wenn er es schafft und der Vater es will, wird er Lehrer. Oder Pfarrer.

Sed libera nos a malo!... Die Fruchtblase platzte. Die Mutter bekam eine Verschnaufpause.

Das Pferd lief brav zum Stall.

Ein Rabe flog hoch oben durch den Himmel.

Die Vergangenheit stieg in der Mutter hoch.

Sie hatte immer gearbeitet. Als Kind hatte sie das Vieh auf der Heide gehütet. Später kam die harte Arbeit auf dem Feld und auf dem Hof.

Nach der Heirat die harte Arbeit auf dem Hof und auf dem Feld.

Das Land war karg. Der Bauer rackerte sich das ganze Jahr über auf dem unfruchtbaren Acker ab.

Die Bäuerin lebte in der Hölle.

Rund um einen kleinen baufälligen Hof besaßen sie gerade soviel, um ein Pferd, drei Kühe und ein paar Schweine zu halten, dazu einige Hühner, die sich selbst erhielten.

Der Vater las und sprach französisch. Er konnte selbst bretonisch lesen, aber bretonisch war die Sprache des Pfaffen, der Demut predigte und von der Kanzel herab gegen die neuen Ideen wetterte, die sich um diese Jahrhundertwende mit der französischen Sprache verbreitet hatten. Er besaß einen Sinn für Gerechtigkeit und glaubte an den Fortschritt. Er hatte sein einziges Pferd Voltaire genannt, um den Pfaffen zu ärgern.

Die Mutter konnte nicht lesen. Sie verstand auch kein Französisch. Sie ging jeden Sonntag zur Messe und wußte nicht, was das ist, Fortschritt.

Der Vater haßte seinen Beruf. Der Boden war undankbar, die Arbeit ein Kreuz. Früh aufstehen, spät zu Bett gehen, der Mensch gehörte der Erde, aus deren Umklammerung er sich nicht lösen konnte. Die Erde klebte an ihm, blieb ihm auf den Fersen, brachte ihn um den Schlaf. Die Erde würde ihn eines Tages völlig verschlingen, mit Leib und Seele. Die Erde würde ihn bis auf seinen Namen auslöschen, selbst jedes Andenken an ihn.

Pflügen, säen, ernten, pflügen ... Die Wege des Lebens und des Todes gehorchten den ewigen Gesetzen, die der Lauf der Sterne vorschrieb. Pflanzen, Tiere und Menschen hingen vom gleichen Schicksal ab: man konnte der Erde nicht entkommen.

Der Vater ertrug dieses Joch nur schwer. Er haßte Zwänge. Eine große Sehnsucht nach Freiheit überkam ihn, die sich von Zeit zu Zeit in dem heftigen Drang abzuhauen äußerte. Er ging dann auf Wanderschaft, nachdem er die drei Münzen aus dem Schrank genommen hatte. Die Erde, ihrer Macht sicher, machte sich über ihn lustig. Sie konnte durchaus die Zügel schleifen lassen und Eskapaden dulden.

Am Ende holte sie sich ihre Beute immer wieder.

Mit hängenden Armen zog er durch die ganze Gemeinde, die Schollen von hundert Pflügen an den Sohlen. Die Stunden, Tage, Wochen, Monate, Jahre, Jahrhunderte, die er hinter dem Pflug verbracht hatte, hatten seinen Körper gebeugt, seine Schultern verzogen und seine Arme verrenkt. Sein Körper war vom Werkzeug zerschlagen und sein Verstand auf die Höhe von reifem Roggen zusammengeschrumpft. Seit seiner Kindheit hatte er nie den nötigen Abstand gewinnen können. Er lebte dicht am Erdboden wie die Hasen, Nattern und Ameisen. Ab und zu versuchte er, sich zu erheben. Leib und Seele krachten dann in allen Fugen.

Er kam immer zurück, mit festem Blick und bitterem Mund, schweigsam.

Das Leben ging weiter.

Das Leben?

»Blumen sind hübsch«, hatte eines Tages die Magd des Pfarrers zur Mutter gesagt. »Ich werde Ihnen einige Samen geben, die Sie in einer Ecke am Haus säen.«

Die Mutter hatte gedankt, die Samen genommen, nochmals gedankt. Sie hatte die Samen gesät, und diese hatten Wurzeln getrieben, die Pflänzchen waren gewachsen, und es hatten sich Blüten geöffnet.

Eines Abends, als der Vater von der Arbeit kam, hatte er das Gärtchen hinter dem Haus entdeckt. Außer sich vor Zorn hatte er mit der Hacke die Blumen zerstört und dann die Mutter geohrfeigt, so wie er selbst von dem höhnischen Lächeln der Blumenkronen geohrfeigt worden war.

Er war nicht sonderlich bösartig. An guten Tagen nahm er

von dem Bett des Schrankbettes das »Leben der bretonischen Heiligen« und las der Mutter auf bretonisch daraus vor.

Ave Maria!... Die Schmerzen begannen von neuem. Die gekrümmten Finger mit Trauerrändern an den Nägeln begannen mechanisch den Rosenkranz herunterzugleiten, die Lippen bildeten von selbst die heiligen Worte, die das Elend mildern.

Der winzige Körper der Mutter zerteilte sich in den Weiten des Universums. Das Kind rührte sich nicht mehr. Das Gebet verstummte. Die Mutter war nur noch ein elendes Häuflein im Todeskampf, ein Röcheln, eine sanfte und eintönige Klage.

Der Himmel tanzte ihr mit seinem ganzen Gewicht auf dem Bauch herum.

Die fahle Dezembersonne wärmte sich an dem Schweiß, der sie überflutete.

Die Erde trank ihr Blut, das auf den Weg tropfte.

Der Wind verschlang ihr Röcheln.

Es wurde Nacht, als Voltaire auf dem Hof des Bauernhauses anhielt. Auf der Schwelle erschien die Magd. Sie ging auf den Karren zu, stieg hinauf und beugte sich über die Mutter.

Aufeinander gestützt, stiegen die beiden Frauen vom Karren herunter und machten sich auf den Weg.

Nach tausend Jahren hatte die Mutter die Schwelle überschritten.

Unfähig, noch einen Schritt zu tun, unfähig selbst, sich auf dem Lehmboden auszustrecken, lehnte die Mutter sich gegen die Wand, machte die Beine breit und gebar stehend ein Kind in die Schürze der Magd, die unter ihr kauerte.

In der Ferne begannen die Dorfglocken ihr Weihnachtsgeläut.

Die Strandräuber

Die Windbö, die in das Zimmer der Herberge eindrang, als die Tür sich gerade öffnete, ließ die beiden Petroleumlampen, die an der Decke hingen, heftig flackern. Zwei oder drei Kerzen, auf Flaschenhälse gesteckt, waren erloschen, und erschrocken züngelten die Flammen in dem hohen Kamin, der eine dichte Wolke von Asche und Rauch ausstieß. Die nächste Bö klatschte die Tür hinter dem Mann zu, der inzwischen eingetreten war.

»'nabend der ganzen Gesellschaft!«

Die rauhe Stimme war klangvoll, aber der Gruß, den sie hervorbrachte, fand keine Erwiderung. Die Seeleute, die an der Theke lehnten, wandten nicht einmal den Kopf zu dem Eingetretenen hin. Die Landleute, die um den Kamin saßen, steckten ihre Nase tief ins Glas.

Stille.

Der Neuankömmling schüttelte den Kopf und ging vorwärts. Während er auf den Tisch zuschritt, an welchem ich Platz genommen hatte, konnte ich ihn ausgiebig betrachten. Man hätte ihn ebensowohl für vierzig als auch für siebzig Jahre alt halten können. Die Lumpen, mit denen er bekleidet war, hatten auch kein Alter mehr. Den Rücken gebeugt, die Schultern hochgezogen wie einer, der lange Zeit auf Krücken gegangen ist, kam er schwankenden Schrittes auf mich zu. Er bewegte sich auf seltsame Art fort; die linke Körperhälfte schien die rechte hinter sich herzuziehen; den Grund für diesen schiefen Gang erkannte ich, als der Mann einen Hocker vom Tisch wegzog, um darauf bequem sein Holzbein ausstrecken zu können.

Das Licht, das von der Lampe herabfiel, die über uns hing, schien jetzt genau auf sein Gesicht: eine lederne Maske, von Narben zerfurcht und sehr eng um den Schädelknochen gespannt, Augen, die tief in den Höhlen lagen und auf deren Grund die Flamme eines Blickes funkelte, der von sehr weit her kam, eine stumpfe Nase, gelbe und hervorstehende Zähne. Nicht ein Härchen war zu sehen, er hatte weder Bart noch Kopfhaar, noch Wimpern oder Augenbrauen, nichts als von den vier Elementen gegerbtes Leder. Dieses Gesicht war weder schön noch häßlich. Es war ganz einfach furchteinflößend wie das vom Ankou[1], den man auf alten Stichen und einigen Kalvarienbergen sieht, vom Ankou, der nachts jenseits des Flusses auf der anderen Seite der Brücke den Karren mit den Hingeschiedenen führt. Aber der Ankou geht nicht in Herbergen, selbst nicht in sturmzerfetzten Nächten, wie es diese eine war, bloß um: »Einen kleinen Rum, Frau Wirtin!« zu bestellen.

Die alte Marie-Jeanne kam zögernd auf uns zu, eine angebrochene Flasche in der einen und ein Glas in der anderen Hand. Sie stellte das Glas vor den Mann hin und goß aus der Flasche so heftig ein, daß sie sie nicht mehr rechtzeitig absetzen konnte. Das Glas lief reichlich über, die Marie-Jeanne brummte ärgerlich und beeilte sich, wieder in ihren sicheren Hort hinter der Theke zu kommen.

Der Mann, der mir gegenüber saß, leerte sein Glas auf einen Zug und stellte es wieder hin. Er durchbohrte in meinen Augen die von weit her kommende Flamme seines Blickes, beugte sich zu mir, wie um mir eine vertrauliche Mitteilung zu machen und sagte:

»Damals hatten wir das falsche Schwein geschlachtet.«

1 Ankou: Personifizierung des Todes bei den Bretonen

Die Seeleute und die Landleute zahlten schweigend ihre Zeche und verschwanden dann nacheinander in der Nacht. Wir waren nur noch zu zweit in der Herberge, der Zuletztgekommene und ich, denn Marie-Jeanne gehörte zum Inventar.

»Irrtum und vergebens von vorn bis hinten«, wiederholte der Mann mit dem Holzbein.

»Und das Schwein?«

»Das Schwein war von Anfang an faul, wie eine Tagundnachtgleiche«, bekräftigte mein Gegenüber feierlich, bevor er sich ausbedang: »Der erste Teil der Geschichte vom verwesten Schwein kostet dich einen kleinen Rum, Seemann. Das kannst du annehmen oder sein lassen.«

»Ist alles angenommen«, sagte ich.

Die Marie-Jeanne war schon da, die Flasche in der Hand.

»Prost!«

»Prost!«

»Die Epoche, von der ich spreche, Seemann, das waren die 90er Jahre; die Geschichte, von der ich dir erzählen will, spielt in so einer verdammten Nacht der Tagundnachtgleiche wie heute, abgesehen davon, daß März war, nicht September, aber das ist gar nicht wichtig für meine Geschichte, das war nur eine Frage der Genauigkeit.

Wer von uns zuerst auf die Idee kam, kann ich dir nicht sagen. Alles, was ich sagen kann, ist, daß wir alle mehr oder weniger von den Alten gehört hatten, daß diese Sache bei uns ganz früher häufiger gemacht wurde, es ist schon sehr lange her, vielleicht vor der Großen Revolution, ich kann es dir nicht genau sagen.

In dieser Zeit wie auch heute noch lebten die Hälfte der Leute hier vom Meer, und zwar ausschließlich. Sie waren Matrosen bei der Kriegsmarine, der christlichen Seefahrt oder auf Fischkuttern. Die andern, die nicht Seeleute waren, Landärsche, wie man sie nannte, gingen an die Küste, wenn Springflut war, wenn das Meer sich zum Teufel zurückzieht, um die Krabben und Krebse in den Felsspalten aufzubrechen und Seeohren und Herzmuscheln körbeweise aufzusammeln. Von Zeit zu Zeit, wenn der Sturm ein Schiff an den Strand warf, sah man sie aus ihren Dörfern rennen, um sich ihren Teil von der Beute zu holen. Abgesehen davon waren sie viel zu hundsföttisch, um sich ihr Leben auf der großen Badewanne zu verdienen. Ihr Leben verbrachten sie zusammen mit ihren Schweinen und Kühen, bis zum Hals in der Jauche. Alles, was ich dir erzähle, war die ganze Zeit von vor der Großen Revolution, Seemann, aber die Dinge haben sich bis heute nicht allzusehr geändert, bis auf eins, was ich dir sagen will und wovon du vielleicht schon gehört hast.

In einem Land wie diesem, wo das Meer allgegenwärtig ist, wo alle Leute ihr tägliches Brot durch das Meer verdienen, wie der Seemann, oder ihr Vergnügen und ihren Vorteil daran haben, wie die Mistbauern, war die Versuchung damals groß, den Ereignissen ab und zu etwas nachzuhelfen, um die Alltagskost ein wenig zu verfeinern.«

»Etwas nachhelfen?«

»Genau das. Gesetzt den Fall, daß in einer Zeit wie dieser irgendein Schiff, natürlich ein Engländer, sich im Sturm verirrt hat und zwischen der Spitze von la Torche und den blinden Klippen von Saint-Guénolé treibt. Und weiter gesetzt den Fall, daß sich just eine Kuh zwischen den Dünen verlaufen hat, eine festgezurrte Laterne zwischen den Hörnern. Der Steuermann des verirrten Engländers hält die Laterne todsicher für ein Zeichen und manövriert dementsprechend, wodurch er geradewegs in die Klippen von Pors-Carn gerät, wo ihn dann ein ganzer Haufen von guten Leuten erwartet, Seelöwen und Landratten, um der Mannschaft zu helfen und die Ladung zu bergen. Und weil von der Mannschaft nichts mehr übrig ist, bleibt den guten Leuten, von denen die Rede ist, nichts weiter zu tun, als die Ladung in Sicherheit zu bringen.«

»Woher wußte man denn, daß von der Mannschaft keiner mehr lebte?« fragte ich.

»Weil man niemals, wirklich niemals einen einzigen Überlebenden fand.«

»Und woher wußte man, daß es ein Engländer war?«

»Alle Schiffe, die die Jungfrau Maria an unseren Klippen zerschellen ließ, sind englische.«

»Wieso englische?«

»Weil alle Engländer Ketzer sind.

Ich habe mir übrigens sagen lassen, daß in der Zeit, von der ich dir erzähle, der Pfarrer von St.-Jean-Trolimon von jedem der Retter anteilig seine zehn Prozent bekam, was beweist, daß das Ganze eine saubere Sache war.«

»Und wo steckt nun das Nachhelfen in der Geschichte?«

»Das Nachhelfen bestand in der Art, wie man die Kordel zwischen den Hörnern der Kuh und der Laterne verknotete.«

»Ich verstehe...«

»Das ist der erste Teil meiner Geschichte, Seemann. Der zweite Teil kostet dich noch einen kleinen Rum.« Die Marie-Jeanne waltete ihres Amtes.

»Prost!«

»Prost!«

»Wie schon gesagt, kann ich mich nicht mehr entsinnen, wer die Idee hatte, den Coup der Alten zu wiederholen, aber trotz allem, was man später an der Theke munkelte, kann ich dir eins schwören, Seemann, daß nämlich ich nichts damit zu tun hatte. Man hatte sich die Kehle schon kräftig angefeuchtet an diesem Abend, wir waren etwa zwanzig, Jungs von der See und vom Lande, die sich damals in der Schule kennengelernt hatten, als die Idee einfach so auftauchte bei einem Jux, ein guter Witz, das Ganze. Witz oder nicht, du kennst besoffenes Fleisch, mein Söhnchen; nachdem man sich gegenseitig aufgeputscht hatte, fingen alle Leute nach einem Augenblick fest daran zu glauben an und so kam es, daß man, als man segelfertig war, nicht bloß auszog, um Blümchen zu pflücken. Nachdem wir einen Treffpunkt ausgemacht hatten, an dem Ort der Torche, wo die Tangsammler mit ihren Karren zum Strand hinunterfahren, du weißt schon wo, liefen wir aus der Kneipe aus, in kleinen Gruppen, und jeder nahm Kurs auf sein Zuhause, um sich mit dem Nötigen zu versehen.

Eineinhalb Stunden später waren alle zum Appell rund um die Laterne geschart. Einige hatten ein Beil oder ein Gartenmesser mitgebracht, andere eine Harpune, einen Dregg am Seil, und es gab sogar einen, der Gott weiß wo einen alten Kavalleriekoppabschneider aufgetrieben hatte, der ganz verrostet und schartig war und den man Entersäbel taufte. Zwei ganz eifrige Bauern hatten jeder eine Kuh mitgebracht, und sie waren drauf und dran, sich wegen des Ruhms und der Ehre der Laterne umzubringen. Der Schwächere gab schließlich nach und führte sein Vieh wieder zur Krippe, bevor er seine Rolle bei dem Jux weiterspielte. Scheißjux, Seemann: das Meer tobte, der Wind hätte dem Kapitän eines Briggschoners die Hörner abbrechen können, der ausfuhr, die Welt zu umsegeln, nachdem er die geilste Hure des Landes geehelicht hatte, und die aufschäumende Gischt hätte selbst einem Stier den Schwung genommen, der mit einem Stechpalmenzweig im Arschloch in die Natur gejagt worden wäre, ja mein Junge, lach nur, lach soviel du kannst, du wirst gleich nicht soviel zu lachen haben.

So mutig wir auch anfangs waren, die Atmosphäre begann allmählich auch die Erhitztesten abzukühlen, trotz des Rums, der literweise die Runde machte. Man saß auf den besten Plätzen, um dem Zirkus vom Weltuntergang zuzusehen, beim Getöse der verdammten Wellen, die sich auf dem Kiesdamm hinter dem Kap brachen (es war nämlich Flut), beim Rollen der Millionen Steine, die von den Wellen wie eine Handvoll Kichererbsen weggefegt wurden, Milliarden von Kieseln, die sich auftürmten, daß man glaubte, den Kanonendonner eines Kriegshafens hundertfach, ja tausendfach verstärkt zu hören, und das Gebrüll des Maelstroms, der in das ›Loch der Hölle‹ hineindrang, an der Nordküste der Torche, um seinen Weg unterirdisch durch Höhlen und wieder Höhlen der Sünde fortzusetzen, um ganz am Ende des Raz-de-Sein mitten in der ›Bucht der Dahingeschiedenen‹ wieder aufzutauchen, bewiesen, mein Lieber!

Windstöße, Regenschauer, Gischt.

Dicht aneinandergepreßt, um uns gegenseitig vor dem Wind, dem Regen und der Gischt zu schützen, schlotterten wir vor Kälte, betäubt vom Rum, betäubt vom Gerölldonner auf dem Damm, dem Gebrüll der Sturmflut im ›Loch der Hölle‹, dem Donnerwetter Gottes. Das Gespräch, das zuerst ganz gut vonstatten gegangen war, hatte sich allmählich dem toten Punkt genähert. Und die Schlauesten begannen sich zu fragen, was sie zum Teufel hier in diesem tosenden Fegefeuer zu suchen hätten und sich nach dem sicheren Hafen ihres Bettes zurückzusehnen, wo die Hausfrau sich schon sorgen mußte.

Der Bauer mit der Kuh erklärte plötzlich, daß er die Nase voll hätte und keine Lust verspürte, mitanzusehen, wie sein Vieh an Zitzenentzündung einginge. ›Servus Leute‹, sagte er, ›der Bauer, die Bunte und ich, wir gehen zurück zur Krippe.‹

Genau in diesem Augenblick bemerkten wir auf dem Meer ein flackerndes Licht, das im Wasser versank und verschwand, um kurz darauf wieder aufzutauchen. Versinken, Auftauchen. Erneutes Versinken. Auftauchen ... Der Engländer kam zum Stelldichein.

Der dritte und letzte Teil der Geschichte vom verwesten Schwein. Dieses Mal muß es ein kleiner Rum in einem großen Glas sein.«

»So sei's!«

»So sauf's!«

»Danke, Marie-Jeanne.«

»Prost!«

»Prost!«

»Klarmachen zum Gefecht. Die Laterne, die zwischen den beiden Hörnern der Kuh gut vertäut war, begann durch die Nacht zu ziehen, während der Engländer seinerseits geradewegs darauf zu segelte. Wenn ich sage, geradewegs, so ist das halt eine Redensart, wenn man in Betracht zieht, wie der Bauerntrampel – seine Bude stand nämlich nur drei Schritt vom Pfad der Zöllner entfernt und er kannte dieses Gebiet so in- und auswendig wie kaum ein Kartograph der Marine –, also in Anbetracht der Art und Weise, wie der Bauer seine Bunte tanzen ließ.

Der Rest der Truppe war am Strand aufmarschiert, bereit zum Entern. Jede weitere Verständigung war überflüssig, alle wußten, was sie zu tun hatten, wir hatten genügend Zeit gehabt, unsere Taktik während der langen Wartezeit im Sturm bis ins Kleinste auszufeilen.

Der Engländer – man konnte ihn im schwarzen Ofen der Nacht noch nicht erkennen, aber die Laterne, die oben an seinem Großmast hing, gab uns Aufschluß über seine Irrfahrt –

der Engländer zappelte am Haken wie ein Knurrhahn und er mußte fest davon überzeugt sein, daß man ihn mitten durch die Klippen des Fegefeuers in einen sicheren Hafen lotsen wollte – die alte Solidarität der Seeleute, wie jeder weiß.

Und da, ganz plötzlich, erschien er vor uns, der Engländer, ein großer Dreimaster, kaum zwei Kabellängen von der Küste entfernt. Er war nicht schön anzusehen: die Segel völlig zerfleddert bis auf das letzte Focksegel, mit dem er noch notdürftig manövrieren konnte, den Rumpf nach Backbord geneigt, weil die Ladung sich bei dem Sturm sicherlich gelöst hatte, die Reling zu drei Vierteln losgerissen, stampfte er schwerfällig über die Wellenkronen, fiel in die Wellentäler zurück und stöhnte im ganzen Gerippe.

Der Engländer war unser.

Während wir so schnell wir konnten zu dem Punkt am Strand liefen, wo er landen würde, fingen wir an, aus Leibeskräften, so laut wir konnten, Willkommensgrüße und Ermunterungsrufe zu brüllen, aber an Bord beantwortete niemand unsere Grüße, und diejenigen unter uns, die das seltsam gefunden haben mochten, mußten sich, wie auch ich mir, sagen, daß unsere Schreie im Sturm untergingen, ohne das Schiff zu erreichen, bei dem Gegenwind.

Eine riesige Welle, eine Springflut, hat den großen Dreimaster wie einen Korken hochgehoben und herübergefegt, und er zerschellte auf dem Grund mit einem höllischen Krachen. Auf zum Entern!

Als ich zusammen mit den Kameraden angerannt kam, da blieb ich doch in einer Vertiefung im Felsen hängen. Da ich noch im vollen Lauf war, konnte ich das Gewicht meines Körpers nicht mehr abbremsen und dadurch hatte mein gefangenes Bein hinterher drei Knie statt eines einzigen: zwei überzählige Knie, die in alle Richtungen herabhingen. Ich war für den Rest meiner Tage zum Krüppel geworden.

Die Hacke oder Axt am Gürtel, die Harpune geschultert, kletterten die anderen bereits wie die Affen auf die Seile der Fallreeps, die sie auf der Seite, mit der das Schiff sich neigte, über die Reling geworfen hatten.

Ich sah sie einen nach dem anderen hinter der Reling verschwinden, bis auf den letzten, der mit seinem ganzen Körper zurückwich, als er gerade an Bord springen wollte. Zu spät: Eine gewaltige Welle, eine Welle, die vom anderen Ende der Welt kam, riß den großen Dreimaster los und schickte ihn zum Teufel, das Schiff drehte sich und nahm Kurs auf hohe See und es steuerte geradeaus gegen den Wind, ohne zu lavieren ins Weite.

Wir Pechvögel von Metzgern hatten das falsche Schwein zu schlachten versucht.

Der Engländer, den man erobert zu haben glaubte, war der Fliegende Holländer und der große Dreimaster das Geisterschiff.«

»Glaubst du an Geister, Seemann?« fragte das Holzbein.

»Das kommt darauf an, das hängt von den Umständen ab«, antwortete ich, ohne mir eine Blöße zu geben, während ich den Kopf drehte, um der Marie-Jeanne zu bedeuten, daß sie die Gläser noch einmal füllen sollte.

Als ich mich wieder umwandte, war mein Gegenüber verschwunden.

Wenn du so weitermachst, sagte meine Mutter oft…

Mein Onkel Corentin war ein großer Jäger vor dem Herrn. Durch das viele Schlingenlegen auf den von Hasen, seinem bevorzugten Wild, besuchten Pfaden, hatte er eine beachtenswerte Sprungkraft der Hinterhand erlangt, eine besondere Gabe, schon von sehr weit den Geruch dessen zu wittern, der ihn selbst jagte, nämlich des Feldhüters der Gemeinde, und er besaß drei wilde Schnurrbarthaare unter einer unbeirrbaren Nase. Nicht zu vergessen den guten und vertrauten Geruch nach Erdreich und Pipi, den auch die letzte Faser seiner Kleider und jede Ritze seiner Hütte angenommen hatten, und es fiel diesem berüchtigten Hasen nicht schwer, dorthin alle Weibchen der Gegend zu locken.

Er hatte in der französischen Kolonialarmee Karriere gemacht, war aber nicht weit nach oben gekommen, nachdem er zwei- oder dreimal wegen skandalerregender Trunkenheit, erschwert durch wiederholte Verweigerung des Gehorsams, vom Gefreiten zum Schütze Arsch degradiert worden war, und er wurde als Obergefreiter entlassen. Aber wenn er nicht nach oben gekommen war, so war er doch weit herumgekommen dabei.

Mein Onkel Corentin hat mir zur Vervollkommnung meiner Erziehung eine Anzahl von Dingen beigebracht, die die Erdkunde in der Schule normalerweise im dunkeln läßt. Dank ihm weiß ich seit meinem achten Lebensjahr, daß die Annamiten[1] Gnacoué heißen, daß Krokodile Enteneier legen, daß man Schweine in Westafrika mit Bananen mästet und

1 Annamiten: früherer Name der Vietnamesen

daß die Araberinnen sich die Haare am Hintern rasieren.

Er hat mich auch gelehrt, daß Neger faul sind, Chinesen lügen und alle Araber stehlen.

»Wenn ich als kleiner Junge was Anständiges gelernt hätte und meine große Fresse ab und zu gehalten hätte«, sagte der Onkel oft, »hätte ich meine Laufbahn als Oberfeldwebel beendet.«

Als Obergefreiter i. R. hatte er sich aufs Land zurückgezogen, etwa zweihundert Meter von dem Hof entfernt, in dem er das Licht der Welt erblickte. Gar nicht dumm, hatte er sich wohl gehütet, eine Frau vor dem Bürgermeister und Pfarrer zu ehelichen.

Die Leute im Dorf und die Bauern schätzten seine Fertigkeiten als Wilddieb. Abgesehen davon verachteten sie ihn gründlich, obwohl sie ihn doch recht gern mochten: Onkel Corentin war immer mit sich und den anderen zufrieden, immer willig und bereit, Hand anzulegen. Außerdem war er weit gereist und hatte viel gesehen und erlebt. Er konnte Konversation machen und war ein Mann von Lebensart.

Meine Mutter haßte ihn von Herzen, wagte aber nicht, ihm offen zu sagen, was sie von ihm dachte. Sie hatte Angst vor einem Skandal. Der Onkel wußte das sehr gut und scherte sich darum wie um seinen ersten Tripper. Jedes Mal, wenn er sie traf, drückte er sie unter großartigen Beweisen seiner brüderlichen Liebe an sein Herz und wischte ihr aufs Geratewohl seinen zweifelhaften Schnurrbart im Gesicht ab. Dann versetzte er ihr für zehn Francs Klapse, denn das war sein Tarif.

»Wenn du so weitermachst«, sagte meine Mutter oft, »wirst du noch so enden wie dein Onkel Corentin.«

Eines Tages sagte der Onkel zu mir: Ich weiß da einen Hasen, einen ganz tollen. Ich nehme dich heute abend mit auf die

Jagd. Gegen zehn hole ich dich bei der Großmutter ab. (Ich wohnte damals bei meiner Großmutter.)

Bis dahin saß ich wie auf glühenden Kohlen. Nachdem ich die Suppe ausgelöffelt habe und die Großmutter endlich im Bett ist, gehe ich in die kleine Stube nebenan und strecke mich angezogen auf meinem Strohsack aus.

Die Zeit wird mir lang.

Tock-tock-tock... Jemand klopft ans Fenster. Mit nackten Füßen, die Holzschuhe in der Hand, springe ich aus dem Fenster. Auf den Weg, dem Onkel hinterher.

Das Jagdrevier ist nicht weit; es liegt in der Heide, dreihundert Meter vom Haus entfernt. Da sind wir.

Mein Onkel, der auf einmal seinen Obergefreitenton anzieht, sagt: »Nimm diesen Sack. Kauere dich hierhin, zwischen die beiden Ginsterbüsche. Der Hase wird hierher kommen, genau hier vorbeilaufen. Er wird auf dich zulaufen, das ist so sicher wie des Teufels Großmutter existiert. Du hältst die Öffnung des Sackes an den Boden. Ich werde das Tier in deine Richtung treiben. Wenn du dich nicht rührst, keinen Lärm machst und dich nicht dämlich anstellst, wird der Hase nix sehen, denn er kann dich nicht wittern. Sobald er in deinen Sack gesprungen ist, bindest du den fest zu und schreist laut, um mir ein Zeichen zu geben. Kapiert?«

»Kapiert, Onkel Corentin.«

Der Onkel entfernt sich mit großen Schritten. Ich bleibe allein, zwischen den Ginstersträuchern hockend, die Öffnung des Sackes dicht am Boden.

Die Zeit vergeht... Ich habe keine Angst. Der Onkel kann nicht weit sein.

Die Zeit vergeht... Die Sterne tanzen am Himmel. Der Wind heult über die Heide.

Die Zeit vergeht... Die Tiere der Nacht haben von Himmel

und Erde Besitz ergriffen.

Die Zeit vergeht... Klug ist der Onkel, fürwahr! Er hat gesagt: »Sicher wie des Teufels Großmutter existiert«. Das beruhigt einen.

Die Zeit vergeht... Mein Vater glaubt nicht an den Teufel und seine Großmutter, aber meine Tante Soaze hat einmal ein Gespenst gesehen.

Die Zeit vergeht... Ich bekomme Angst. Ich will nach Hause. Pech für den Onkel und seinen Hasen. Ich will gerade aufstehen, als plötzlich etwas tacke-tacke – tacketacktacketack... in meine Richtung läuft.

Tacketack – tacketack – tacketack... mein Hase?

Tacketack – tacketack – tacketack... Wie ein Fels stehe ich inmitten der Heide, die Öffnung des Sackes dicht am Boden.

Tacketack – tacketack – tacketack... Ein heftiger Stoß, ein Wirbelwind wirft mich über den Haufen. Nachdem ich die Hälfte meiner fünf Sinne wiedergefunden habe, sehe ich eine Riesengestalt, die sich in vollem Galopp entfernt.

Ich lasse Sack und Holzschuhe allein und renne zum Haus der Großmutter, wobei ich aus Leibeskräften: »Onkel Corentin!« brülle.

Vom Onkel war rein gar nichts zu sehen.

Der Feldhüter hat ihn am nächsten Tag entdeckt, der Länge nach neben einem Weißdornbusch hingestreckt. Er war tot, die Finger um eine Messingschlinge gekrallt, die ihm den Hals zuschnürte.

Ein schlechter Tod, behaupteten die Alten in der Gegend steif und fest. Es gibt seit dieser Zeit, so sagt man, in der Heide einen riesigen Hasen, der unglaublich schnell und flink ist, sich nur in der Dämmerung bei leichtem Nebel zeigt, der über den frischgepflügten Feldern weht. Ein Werhase, Prinz und

Papst aller Hasen, ein Hase, der alle Jäger zum Teufel bringt.

Und es macht mir Spaß, mir vorzustellen, daß der gute Onkel, der soviel gesehen und erlebt hat, im letzten Augenblick dazu gezwungen war, das Fell eines seiner Opfer überzustreifen, um das Land weiterhin zu durchstreifen, die Ohren gespitzt, die Nase im Wind, bis zum Jüngsten Gericht.

»Wenn du so weitermachst«, sagte meine arme Mutter oft, »wirst du noch so enden wie dein Onkel Corentin.«

Tj-ja-ja-ja-ja-ja-ja-ja!

Mitten im Nebel

»Trauriges Land, Herr Hauptmann, traurige Leute.«

»Traurige Leute, traurige Gesichter, Herr Leutnant.«

»Traurige Gesichter, trübe Mienen, Herr Hauptmann. Versuchen Sie mal, mit denen zu reden: Sie stoßen an eine Wand.«

»Wenn es bloß eine Wand wäre, Herr Leutnant. Selbst eine feindselige, eine Wand, das ist wenigstens etwas Greifbares, Berührbares, Solides, wogegen man sich lehnen kann um Halt zu gewinnen, um sich zu behaupten. Die Feindseligkeit dieser Leute hier ist ein körperloser, undurchsichtiger Nebel, in dem wir blind umhertappen, ohne etwas berühren, greifen oder festhalten zu können. Versuchen sie doch mal, den Blick eines Vorübergehenden festzunageln, Herr Leutnant. Ihr Blick geht durch uns hindurch, als wären wir aus Glas, als wären wir gar nicht vorhanden. Versuchen Sie doch mal, mit denen ins Gespräch zu kommen. Sie sprechen sie auf französisch an, natürlich, denn schließlich sind sie Franzosen und haben diese Sprache zumindest in der Schule oder in der Kaserne gelernt: ›Guten Tag, Monsieur Nédélec, es sieht heute wieder nach Regen aus.‹ Achja. Er steht da, vor Ihnen im Boden festgewurzelt, der alte Nédélec, tappt umher wie ein Bär, schüttelt den Kopf, zuckt die Achseln als Zeichen seiner Ohnmacht und macht ein saublödes Gesicht, wirft einem einen flüchtigen Blick zu, aber seine Augen sind so blau, blau wie engelhafte Unschuld, und dann antwortet er in einem Kauderwelsch, was weder der Teufel noch seine Großmutter verstehen würde. Oder – und das ist der Gipfel – er spricht eins der drei deutschen Wörter aus, das sie neben ›verboten‹ und

›kaputt‹ zu lernen geruht haben: *›Nix verstehen!‹*

»Es gibt drei Leute im Dorf, Herr Leutnant, den Bürgermeister, den Pfaffen und den Schulmeister, die in Anbetracht ihres Amtes und ihrer Bildung nicht vorgeben können, kein Französisch zu verstehen. Ich rede zum Bürgermeister; er stellt sich taub. Ich besuche den Pfarrer; er rülpst und entschuldigt sich: er kann Buschbohnen so schwer verdauen. Ich gehe zum Lehrer; er furzt und entschuldigt sich: er kann Buschbohnen so schwer verdauen. Also wirklich! Man könnte glauben, daß das ganze Land von einer Lieferung verdorbener Konserven vergiftet worden ist. Warum lachen Sie, Herr Leutnant?«

»Mir ist gerade ein Gedanke durch den Kopf geschossen, Herr Hauptmann. Die Mischung aus Buschbohnen und Grünspan scheint mir besonders explosiv zu sein.«[1]

»Ich verstehe nicht.«

»Ich sehe, daß Sie nicht auf dem laufenden sind. Ein schlechter Scherz, der hier kursiert, nichts von Bedeutung, Herr Hauptmann. Entschuldigen Sie, daß ich Sie unterbrach.«

»Um auf das zurückzukommen, was ich gerade sagen wollte, wenn diese Leute uns wenigstens offen zeigen würden, daß sie uns nicht mögen, daß sie uns hassen ... Sie begnügen sich damit, uns zu übersehen. Sie nehmen einfach keine Notiz von uns. Sie haben uns von der Liste der Lebenden gestrichen.«

»Was das Streichen von der Liste der Lebenden angeht, so tun sie ihr Bestes, Herr Hauptmann. Das Land wimmelt von Partisanen. Unsere Soldaten geraten in Hinterhalte, unsere Wagenkolonnen fliegen in die Luft. Der Engländer wird täg-

1 Buschbohnen und Grünspan: Spottnamen für die Soldaten der deutschen Besatzung in Frankreich 1940 bis 1944.

lich über unsere geheimsten Bewegungen informiert. Jedermann hier weiß Bescheid, alle stecken unter einer Decke, jeder macht mit. Man hält sie an, man fragt sie: *›nix verstehen!‹* Man erklärt ihnen zum tausendsten Male, daß der Marschall Pétain, ein großer Franzose, sich für die bedingungslose Kollaboration ausgesprochen hat: *›nix verstehen!‹* Man droht ihnen mit allgemeinen Repressalien: ›nix verstehen!‹ Es ist zum Verrücktwerden.«

»Und das Klima!«

»Und das Klima!«

»Der Wind!«

»Der Wind!«

»Der Regen!«

»Der Regen!«

»Der Nebel!«

»Der Nebel!«

»Der Sturm!… Selbst die Natur ist gegen uns, die Bäume, die Steine, die ganze Landschaft –, sogar die Buschbohnen! – sind gegen uns.«

»Die Buschbohnen, hi-hi-hi, entschuldigen Sie, Herr Hauptmann, ich bin ein bißchen nervös. Trauriges Land, Herr Hauptmann.«

»Traurige Leute, Herr Leutnant.«

»Ihr könnt mir erzählen, was ihr wollt, Peter, Franz, Erich, Fritz, Thomas, alle wie ihr da seid, alle ihr von der Stube; alle Jungs aus der Stadt, kleine Schlauberger, Klugscheißer, Aufgeklärte, welche mindestens ihren Volksschulabschluß in der Tasche haben, ihr könnt mir ja alles erzählen, ihr werdet mich nicht davon abbringen, daß hier ungewöhnliche Dinge vorgehen. Klar, wenn ein Kamerad sich von den Partisanen umlegen läßt, wenn eine unserer Kolonnen auf eine Mine gerät, dann gibt es nichts Übernatürliches dabei, das bleibt in der natürlichen Ordnung der Welt; wie der Hauptmann sagt. Die Leute von hier mögen uns wie ein Buckliger seinen Buckel, und sie beweisen es uns immer aufs neue. Aber die Sache mit dem dicken Stein, sie nennen es hier einen *Menhir*, was haltet ihr davon Leute, von der Sache mit dem dicken Stein? Der stand genau vor einem unserer Bunker mitten in der Schußlinie und hat uns gewaltig gestört, und ob; man sprengt ihn also in die Luft mit Dynamit, klar? Und dann? Dann war es die ganze Mannschaft der Sprengleute, die zwei Tage später ins große Loch flog, guten Abend der Kompanie, Kolonne einzeln, vorwärts marsch! Richtung Musterungsbüro der himmlischen Heerscharen, wie der Feldgeistliche sagt. Halt! Achtung! Präsentiert das Gewehr! Auftrag ausgeführt, Herr Adjutant von den himmlischen Legionen; vier Mann und ein Korporal, gefallen auf dem Ehrenfeld. In die Scheiße gefallen, jawoll!«

»Die Ruhr«, sagte der Arzt, »der natürliche Lauf der Dinge. Vier Mann und ein Korporal, die ihr hundertprozentig zum Opfer gefallen sind und in zwei Tagen ihre unsterbliche Seele durch das Arschloch ausrotzen, glaubt ihr daran, he? Die Ruhr kann man wohl nicht behandeln, wie? Das kann man nicht heilen, die Ruhr, im zwanzigsten Jahrhundert? Im Jahrhundert der Wissenschaft, der Technik und des Fortschritts, wie ihr mir doch immer eintrichtert, und mich auslacht und mir weismacht, daß ich den Ideen eines anderen Zeitalters nachhänge, mit Mist in den Stiefeln und Stroh im Kopf, ich, der Mistbauer, der Dreckarsch, der Zurückgebliebene, der Simpel, der aus Masuren, womit alles gesagt ist – aus Masuren, ganz hinten im großdeutschen Reich, am Ende der Welt, eingekeilt zwischen den Pollacken und dem Iwan.

Seht euch doch mal ein bißchen um, in Masuren, ihr

Schlauberger, im Land des Ginsters und Stechginsters, im Land der großen Zaubersteine, die ganz aufrecht dastehen, so ähnlich wie hier, bloß daß unser Ginster niedriger ist als der von hier und daß die großen Steine seltener vorkommen. Vertretet euch in Masuren doch mal die Füße, ihr Besserwisser, im Land der großen Wälder und Seen, im Land der großen grauen Wölfe, ja, das ist auch ein natürliches Ding, werdet ihr mir sagen, und ich werde euch darauf antworten, daß, wenn eine Erscheinung dieses Kalibers anfängt, zum Werwolf zu werden – ihr wißt ja nicht einmal, was das ist, ein Werwolf – dann ist das Ganze überhaupt nicht mehr natürlich.

Und der Unfall, der diesem Schwein von Oberingenieur der Todt-Organisation passiert ist, dem, der selbst den Befehl gegeben hatte, die Steinhaufen zwischen dem Kap de la Torche und dem Hafen von Audierne mit dem Bulldozer zu entfernen? Millionen und Abermillionen Tonnen von Steinen, von zerstoßenen und zermahlenen, womit man Schanzen bauen konnte, Bunker und Befestigungen für den Atlantikwall. Aber die Steine haben das so einfach nicht mit sich machen lassen. Was ist ihm zugestoßen, dem verdammten Schwein von Oberingenieur? Der ist doch glatt mit dem linken Fuß in Gott weiß was oder noch schlimmer ausgerutscht – da gibt's wirklich nichts zu lachen, Leute – und hat einen Gleitflug gemacht, bevor er in einem großen Betonmischer gelandet ist und zermalmt wurde in einem Nu wie Fleisch für die Wurst.

Ein Mißgeschick, werdet ihr sagen, nichts Widernatürliches. – Tja: Drei Tage später, als man die Verschalung wegnahm, was hat man da im Beton eingebettet gefunden, gerade über der Tür zum Unterstand des Oberkommandanten des Bezirks? Man hat den Schädel eines verdammten Schweins gefunden, aber es war bestimmt kein Schweineschädel, mit zwei gekreuzten Beinknochen darunter, und der General hat diesen Betonblock ganz schnell mit dem Meißel heraushauen lassen, mitsamt den Reliquien des Oberingenieurs, als er noch nicht hart war, der Beton, um das Ganze zusammen mit dem EK erster Klasse an dessen Witwe zu schicken. Was haltet ihr von dieser Geschichte? Das ist immer noch nichts Widersprüchliches, nicht wahr?

Ich könnte euch noch viel mehr erzählen, aber ich mache mir keine Illusionen; so bekloppt, wie ihr seid, mit einer dreifachen Wurstpelle auf jedem Auge und Scheiße in den Ohren, ihr würdet euch selbst in den Klauen des Werwolfs, des großen Christenfressers, noch weigern, das zu hören und zu sehen, was euch den Blick und das Verständnis zerstört. Zeig deinem Ochsen Potsdam, so heißt es bei uns, und er wird genauso blöd wieder zurückkommen, wie er hingegangen ist.

Die Leute von hier, die ihr für minderbemittelt haltet, sind viel mehr auf Zack als ihr, die Leute von hier. Sie haben vielleicht nicht viel auf der Dorfschule gelernt, von moderner Wissenschaft und dem technischen Fortschritt, aber sie haben die alte Lehre nicht vergessen, die ihnen die Nacht der Zeit erteilt hat. Zurückgeblieben sind sie, die Leute von hier, jawoll, aber nicht wie ihr das meint, ihr andern, ihr Klugscheißer und Schlaumeier, sind sind zurückgeblieben wie die von meinem Land; zurückgeblieben wie die Bäume und die Steine mitten zwischen Himmel und Erde. Sie sind noch in der Lage, gute und böse Vorzeichen zu erkennen und zu verstehen, sie wissen, daß das Wimmeln der Ameisen im Sand, der Fische im Meer, der Ideen in den Köpfen der Leute, der Sterne am Himmel, daß alles von der gleichen Kraft gesteuert wird. Sie wissen, daß alles zusammenhängt, daß es weder einen Graben noch eine Schlucht gibt zwischen Himmel und Erde, Tag und Nacht, Vergangenheit und Zukunft, Leben und Tod. Gut, kapiert. Ich gehe euch auf die Nerven. Ich will sie zumachen, meine große Klappe, aber bevor ich sie zumache, laßt euch noch eins sagen, das Land und die Leute von hier, das ist eins. Steine, Pflanzen und Tiere von hier kriegen Anfälle, wenn wir durch die Gegend ziehen und *›heidi, heido‹* brüllen. Genau wie die Männer und Frauen, Alte und Junge, wartet das ganze Land auf die Gelegenheit, uns an den Kragen zu gehen oder rücklings zu überfallen, vergeßt das nicht und seid auf der Hut!«

»Wie sich das zugetragen hat, Herr Pfarrer? Nun, ich weiß es selbst nicht genau, denn ich habe es nicht begriffen. Ich saß da auf der Lauer in einem Gebüsch in der Heide, meine Knarre zwischen den Beinen und die Vesper im Brotbeutel und wartete auf die Patrouille der Grünspäne. Wie spät es war? Es war schon eine gute Weile her, daß die Kirchturmuhr elf geschlagen hatte. Es war Vollmond, die Nacht war klar, der Himmel wolkenlos, alles war völlig normal, bis daß ich eine Nebelsäule ausmachte; nein, keine Nebelbank, wie man sie oft hier sieht, sondern eine richtige Säule, ein Nebelblock wie mit einem Messer herausgeschnitten, der sich im Zickzackkurs durch die Heide bewegte: zweihundert Meter nach Osten, Vierteldrehung, hundert Meter nach Norden, halbe Drehung, hundertfünfzig Meter nach Süden und so fort, man hätte meinen können, daß der Yann Quéméré versuchte, sein Häuschen wiederzufinden, nachdem er drei Tage ununterbrochen gesoffen hat, wie er es immer tut, wenn er seine Rente bekommen hat.

Noch seltsamer war – und ich wollte zuerst meinen Ohren nicht trauen –, daß der Nebel sprach, nicht nur sprach, sondern mit sich selbst stritt, genauso, wie der Yann es auch tut, wenn er sich in den Weinbergen des Herrn befindet. Aber der Yann sprach gewöhnlich nicht mit mehreren Stimmen, wie es der Fall war und auf deutsch dazu, wie ich bemerkte, als dieses Nebelpaket zwanzig Schritte entfernt an meinem Versteck vorbeiging. Da erst habe ich das Wieso und Warum verstanden: Das Nebelpaket hatte die Patrouille der Fridolins gefangengenommen, Jesses nochmal.

Nein, ich war nicht besoffen, Herr Pfarrer, fragen Sie nur den Jos vom Kap, der hat mit mir den Abend verbracht, bis ich fortging, um Stellung zu beziehen.

Und selbst wenn ich so besoffen gewesen wäre, daß ich meinen rechten Fuß nicht von meiner linken Hand hätte unterscheiden können, die Abfolge der Ereignisse hätte mir den Kopf schon wieder zurechtgerückt!

Sie stritten heftig, die Grünspäne, denn sie glaubten sich völlig verirrt im Nebel, verloren in einer Waschküche, die sich über das ganze Land verbreitet hätte. Wie hätten sie sich auch vorstellen sollen, daß sie in einem Paket Werg verpackt waren, das mit ihnen von Backbord nach Steuerbord durch die Heide segelte? Denn ich selbst, der ich es mit eigenen Augen sah, konnte ja kaum daran glauben, so wahr ich hier stehe!

Sie waren nicht in Panik geraten, die Fridolins, bloß wütend, sie stritten sich heftig darum, nach dem Lärm zu urteilen, den sie machten, welcher Weg denn nun am besten sei, um in ihre Baracken zurückzukehren, und ich hätte mir wohl ins Fäustchen gelacht beim Zuhören, wenn nicht diese Scheißnebelsäule auf Bummeltour mit ihnen gewesen wäre, ein Nebel, den man für ausgespuckt aus dem Schornstein der Hölle hätte halten können und der langsam bewirkte, daß es mir kalt über den Rücken lief.

Und jetzt werden Sie mich Lügen strafen, Herr Pfarrer, obwohl ich Ihnen nichts als die reine Wahrheit Gottes erzähle, Kreuz für Kreuz, bei meinem Seelenheil. Was sehe ich nämlich plötzlich kommen? Einen alten, völlig verrotteten Karren, man hätte meinen können, er sei aus den verfaulten Planken von Noahs Arche zusammengebastelt worden, der in seinem ganzen Gerippe stöhnte und genau auf diese Nebelsäule zurumpelte, von der ich Ihnen erzählt hatte. Vor der Deichsel lief eine klapprige Mähre, die nur noch Haut und Knochen war und die selbst ein Zigeuner nicht als Geschenk angenommen hätte. Und oben auf dem Wagen? Auf dem Wagen saß ein Kerl des gleichen Jahrgangs, völlig verkrüppelt und verknöchert, man konnte kaum sein Gesicht erkennen, weil der Mond hinter ihm stand und er auf seinem Kopf einen breitkrempigen Hut hatte wie die Bauern von jenseits des Flusses Odet. Und dieser Gaul des Elends geht doch mit gesenktem Kopf geradewegs in die Nebelsäule hinein und verschwindet darin mit dem Rumpelkarren und dem alten Nußknacker, der die Zügel hielt. Davongeflogen, verschlungen, nichts und niemand mehr. Und einer der Buschbohnen, wahrscheinlich der Chef der Patrouille, fängt an, ›*Halt!*‹ zu brüllen, und der Karren, der aufhört zu rumpeln, hält an, und dieselbe Stimme, die ›*Halt!*‹ gerufen hatte, beginnt zu radebrechen: ›*Wir Straße verloren, Kamerad, du kennen Land, du uns führen zu Baracke, viel trinken Schnaps, auf Wiedersehen und Dankeschön!*‹

›*Schnaps gut*‹, antwortete eine andere Stimme, die knirschte wie mit Meerwasser geschmierte Wagenachsen, ›*aufsteigen!*‹

Und genau das haben sie wohl auch gemacht, denn obgleich ich wegen dem Nebel nichts sehen konnte, habe ich sie sich oben auf der Wagenleiter herumschubsen und drängeln hören, und sie lachten, weil sie überzeugt waren, bald wieder bei ihrer Einheit zu sein.

Als der Letzte im Karren gelandet war, habe ich ein Zungenschnalzen gehört, wie um ein Pferd anzutreiben, aber die

Nebelsäule bewegte sich keinen Schritt vorwärts, sie begann sich aufzulösen, an Ort und Stelle zu verfliegen, während der Lärm der Stimmen von denen, die auf den Leichenwagen gestiegen waren, sich immer mehr entfernte. Die Nebelsäule hat sich schließlich völlig in Luft aufgelöst, pfft! weg war sie: Verschwunden war der Wagen mit dem alten Christenfresser und seiner Ladung Buschbohnen.

Sagen Sie mir, Herr Pfarrer, glauben Sie an den *Ankou?* Denn wenn Sie nicht daran glauben, dann schauen Sie mal an, was ich Ihnen hinter die Tür gelegt habe, bevor ich eintrat, das habe ich auf der Heide gefunden, genau an der Stelle, wo der Karren mit den Hingeschiedenen in die andere Welt eingedrungen ist: Sagen Sie mal, Herr Pfarrer, haben Sie jemals eine Sense dieses Modells gesehen?«

Die Gerechtigkeit der Sippe

Alle Erwachsenen des Dorfes sind da. Niemand fehlt. Wortlos haben sich alle vor dem Haus des Verstorbenen versammelt, etwa zwei Kilometer vom Dorf entfernt. Es herrscht drückendes Schweigen. Die Leute stehen nicht, wie gewöhnlich, in Grüppchen beisammen, um die herausragendsten Episoden aus dem Leben des Dahingeschiedenen in einer Unterhaltung zu erwähnen, die gespickt ist mit Betrachtungen über das zu erwartende Wetter, die Ernteaussichten, den Kurs der Erbsen, den Preis für den Dünger oder die Vorteile des einen oder anderen Traktors. Jeder bleibt allein inmitten der Menge, in sich gekehrt, abwesend.

Der Leichenwagen mit dem Kaplan trifft ein. Anna, die Tochter des Verstorbenen, die sich fünfunddreißig Jahre um ihn gekümmert hat, erscheint steif im Rahmen der Tür, deren Schwelle sie vor den vier Männern überschreitet, welche den Sarg tragen, den sie in den Wagen schieben.

Weder Blumen noch Kränze.

Der Kaplan geht vor dem Leichenwagen, dahinter, ganz allein, die Tochter des Toten, dann folgt, in gehörigem Abstand, die Herde der Frauen, dann die der Männer; der Zug setzt sich in Richtung Dorfkirche in Bewegung.

Der Zug nimmt nicht den kürzesten Weg. Er läßt den jüngst begradigten Abschnitt der Landstraße außer acht, der den Weg um siebenhundert Meter abkürzt: In der Bretagne meiden die Toten neue Straßen. Sie beschreiten nur diejenigen, auf denen die vorausgingen, die vor ihnen die letzte Brücke passiert haben. Die Toten in der Bretagne sind Gewohnheitsmenschen, Traditionalisten, Konservative.

Immer noch stumm, durch ein unermeßliches Schweigen voneinander getrennt, ziehen die Lebenden hinter dem Leichenzug durch ein Dorf, das um so merkwürdiger leer scheint, als man alle Kinder und Hunde aus dem Verkehr gezogen und in den Häusern eingesperrt hat.

Ein totes Dorf.

Das Dreipersonenstück trug sich kurz nach der Befreiung zu. Yves le Quéré, ein mit fast fünfzig Morgen guten Bodens gesegneter Mann, führte seinen Hof Kerviniou sachkundig und erfolgreich, unterstützt von seiner damals fünfundzwanzig Jahre alten Tochter, einer Magd, einem Oberknecht und zwei bis vier Landarbeitern, je nach Jahreszeit.

Als einzige Tochter war Anna an die Stelle ihrer Mutter getreten, die vor etwa zehn Jahren gestorben war. Gut gewachsen, einzige Erbin ihres Vaters, fleißig und vernünftig, angenehm anzusehen, hätte Anna eigentlich schon längst einen Freier finden müssen, doch der Vater hatte es verstanden, alle Kandidaten zu entmutigen: Der eine war ein »Pfaffenanhänger« (der Vater war »Republikaner«), der zweite besaß zuwenig, der dritte war ein Taugenichts, der nächste ein Witzbold oder ein Lahmarsch, und so fort. Im Laufe der Jahre war Anna unbemerkt herangereift. Das genügt zu Anna, die nur eine Nebenrolle in dieser Geschichte spielt.

Mit zweiundvierzig Jahren Witwer geworden, hatte Yves le Quéré nicht wieder geheiratet. Wozu auch? Unterstützt von der Magd war Anna mit fünfzehn Jahren groß und stark und auch vernünftig genug, um den Platz der Hausfrau einzunehmen. Weshalb sich noch einen Esser mehr zulegen? Da gab es natürlich noch ein Problem, aber dafür war ja die Magd da, nicht wahr? Nicht daß der Vater geizig gewesen wäre. Er war halt umsichtig, wie alle Bauern.

Die letzte Magd hatte sich 1940 verdingt. Der Vater war fünfundvierzig Jahre alt: das Alter der Vernunft... aber auch aller Torheiten. Die Soazig war zwanzig, hatte ein überdimensionales Milchgeschäft und einen Hintern wie eine Zuchtstute. Als der Vater in der Scheune das erste Mal Hand an ihn legte, drehte sich die Soazig um, lachte ihm einfach ins Gesicht und legte sich dann willig ins Heu, wo sie den Angriff des Mannes ohne mit der Wimper zu zucken ertrug. Als er sich gerade in ihr ergießen wollte, befreite sie sich mit einem Ruck von ihm, erhob sich, schüttelte ihre Röcke, ergriff ihre Mistgabel und setzte ihre Arbeit fort, als sei nichts gewesen.

Dieselbe Szene wiederholte sich zwei Tage später, genauso wie beim ersten Mal, bis die Soazig, als die Attacke vorüber war, erklärte, wobei sie ihre Röcke schürzte, daß die Vorstellung den Herrn jedesmal 2 Taler kosten würde. Woraufhin sie die Hand ausstreckte. Der andere erledigte die Sache brummend und kam acht Tage lang nicht wieder. Eine Woche verging, dann ergab sich der Herr auf der ganzen Linie.

Die dritte Person, die in dem Stück mitspielt, heißt Yann l'Hostis und war zu dieser Zeit knapp fünfunddreißig Jahre alt. Als Kind der öffentlichen Armenpflege hatte Yann auf dem Hof als Kuhhirte angefangen. Er hatte es bis zum Oberknecht gebracht. Herkulisch gebaut und um seine Stärke wissend, setzte er sie klug ein, ohne sie jemals zu mißbrauchen. Er arbeitete hart und wurde korrekt entlohnt. Auf dem Hof hatte er Kost und Logis frei. Seine Kleider kaufte er beim fliegenden Trödler. Von seinem Lohn zweigte er nur das notwendige Minimum für das Samstagabendbesäufnis ab. Der Rest füllte sein Sparschwein, mit dem er sich eines Tages ein Häuschen mit einigen Morgen Land kaufen würde. Dann würde er sich eine Frau nehmen und weiter bis zu seinem Lebensende schuften, aber diesmal auf seine eigene Rechnung.

Manchmal schielte er auf die Soazig und sagte sich, daß diese da ihm vielleicht rechte Kinder schenken und ihm unverdrossen helfen würde, das eheliche Joch zu tragen. Doch der Yann war schüchtern und verstand es nicht, mit den Damen zu reden. Außerdem wollte er sich nicht mit dem Herrn anlegen, dessen Spielchen er sehr wohl begriffen hatte.

Denn das Spielchen ging weiter.

Es ging schon zwei Jahre lang so, als der Herr seine Magd wie folgt ansprach:

»Warum, wenn wir's tun, warum glotzt du mich dabei immer an wie eine dicke Kuh, ohne die Augen zu schließen, ohne deinen Hintern zu bewegen, ohne Aah-aah zu machen wie eine, der es Spaß macht? Heißt das, daß es dir keinen Spaß macht, Soazig?«

»Spaß machen mir die 2 Taler«, antwortete die Magd friedlich. »Und was die 2 Taler angeht, so wollte ich Ihnen schon seit geraumer Zeit sagen, daß in Anbetracht dessen, daß alles teurer wird und in Anbetracht des Preises, zu dem Sie Ihre Butter auf dem Schwarzmarkt verkaufen, ich der Meinung bin, daß sie 1 Taler drauflegen könnten. Wieviel würden Sie in der Rue Pen-Ar-Stang in Quimper für eine Nutte bezahlen, nicht gerechnet die Fahrtkosten?«

»Du hast also weder Vergnügen noch Gefühle dabei?« seufzte der Patron, dessen Enttäuschung sich in echte Ernüchterung verwandelte.

»Haben Sie Gefühle, wenn Sie meine Muschel verstopfen?« fragte das Mädchen. »Sie erleichtern sich halt, das ist alles.«

Wenig später bemerkte man im Dorf, daß das Mädchen seine körperlichen Vorzüge mit einem geblümten Kleid zur Schau stellte, das es sich sicherlich niemals von seinem Lohn hätte leisten können. Danach bereicherte sich ihr Aufzug um verschiedenen Flitterkram, der den Glauben des Dorfes zur Gewißheit werden ließ. Man begann zu tratschen, aber mit Maßen, denn jeder kehre vor seiner eigenen Tür, und was dem Nachbarn aus dem Geldbeutel gefallen ist, kann schließlich nicht aus einem Loch in dem meinen stammen, nicht wahr?

Solchermaßen vorteilhaft ausstaffiert, sagte sich die Soazig eines Tages, daß sie schön sei und, um es sich selbst zu beweisen, begann sie dem Oberknecht Augen zu machen. Den Yann verwirrte das. Wie gesagt, wollte er sich nicht mit seinem Herrn anlegen. Andererseits hatte er fast den Betrag zusammen, um sich selbständig zu machen, und die Soazig, ja die Soazig würde keine schlechte Frau abgeben, denn schließlich arbeitete sie trotz ihres Aufstiegs zum Betthimmel des Herrn auf dem Hof weiter wie ein Pferd.

Denn die Soazig und der Herr schliefen nunmehr zusammen: Ich meine, in einem Bett.

Die Soazig wußte sehr gut, daß sie mit dem Herrn niemals vor den Bürgermeister und den Pfarrer treten würde, daß sie niemals die Herrin von Kerviniou werden würde. Ein reicher Bauer heiratet standesgemäß. Es würde der Tag kommen, an dem Yves le Quéré, von seiner Torheit geheilt, genug von ihr hätte und an dem sie ihren vorübergehenden sozialen Aufstieg teuer bezahlen würde. Sie rechnete nach, wieviel der Yann wohl hätte sparen können, seit er eingestellt worden war, und diese Summe erschien ihr ganz anständig. Sie stand mit beiden Füßen fest auf der Erde, die Soazig.

Eines Tages, als die Hausoberin und der Oberknecht zusammen im Stall arbeiteten, während der Herr und seine Tochter auf dem Markt, die Arbeiter auf dem Feld waren, knickte die Soazig um, verlor das Gleichgewicht und hielt sich am Hals des Mannes fest, um nicht zu fallen. Die beiden rollten in das frische Stroh und zum ersten Mal geschah das, was geschehen mußte, zum ersten Mal in ihrem Leben schloß die Soazig die Augen und machte Aah-aah.

Als sie sich erhoben, tat ihr der Knöchel überhaupt nicht mehr weh. Von diesem Tag an trafen sich die Magd und der Knecht jedesmal im Stroh, im Heu oder im Gras, wenn die Herrschaft und die Arbeiter nicht da waren.

Yves le Quéré, der trotz allem immer verliebter wurde, erzürnte, wenn die Magd seine Ehrenbezeigungen mit immer derselben Gleichgültigkeit hinnahm. Wenn ihn in seinem reifen Alter der Teufel in der Hose juckte, zog er ihn am Schwanz, wenn es nicht gerade umgekehrt war. Und er war fast soweit, der Schönen vorzuschlagen, ihn zu heiraten.

Ihn kümmerte es wenig, was das Dorf dazu sagen würde, und nur ein Rest von Skrupel gegenüber seiner Tochter hielt ihn davon ab, den Sprung zu wagen. Hätte er es getan, wäre die Geschichte wahrscheinlich anders ausgegangen.

Eines Samstagabends im Dezember 1944 bemerkte er, daß sich die Taille der Soazig merklich rundete, woran er nicht schuld sein konnte, da ihn die Sau niemals bis zum Ende des Vergnügens bohren ließ.

»Yann?« fragte der Herr düster, denn seine Liebe hatte ihn nicht völlig blind gemacht.

Das Mädchen nickte ohne ein Wort zu sagen und war darauf gefaßt, als Hure beschimpft, verprügelt und vor die Tür gesetzt zu werden. Man muß diesen Augenblick über sich ergehen lassen, sagte sie sich, fast erleichtert, daß die Angelegenheit endlich ans Licht gekommen war.

Der unausweichliche Gang der Dinge würde überdies nur ganz wenig beschleunigt, dachte sich die Soazig, da der Yann gerade sein Haus und sein Land gekauft und sie ihm versprochen hatte, ihn nach St. Martin zu heiraten, da man sagte, daß dann alle Leute umziehen.

In sich zusammengerollt, mit den Händen ihren Bauch und ihr Gesicht schützend, wunderte die Soazig sich, daß die erwartete Tracht Prügel ausblieb. Sie hörte den Herrn das Zimmer verlassen und einige Augenblicke später die Haustür schlagen. Sie vernahm, wie sich die Schritte des Herrn in der Nacht entfernten. Dann beeilte sie sich, ihre Sachen zu einem Bündel zu schnüren, das sie sich auf den Rücken lud, und bis zum Morgen versteckte sie sich in einer verlassenen Scheune, die etwa fünfhundert Meter vom Hof entfernt war.

Yves le Quéré gelangte zur Dorfkneipe, vor deren Tür er seinem Knecht begegnete, der gerade in der Hochstimmung seines allwöchentlichen Suffs zum Hof gehen wollte. Ohne sich um die Gegenwart von Zeugen zu scheren, ohne ein Wort zu sagen, schoß Yves le Quéré seinen Knecht kaltblütig mit einer Ladung dickstem Schrot, die in Höhe des Bauchnabels gezielt war, nieder, und kehrte nach Hause zurück.

Am nächsten Tag um acht Uhr klopften die Gendarmen an seine Tür.

Die Gendarmen leben in engem Kontakt zu einer Bevölkerung, die sie eher freundlich ansieht, solange sie sich auf ihre Rolle als Hüter der ländlichen Ordnung beschränken: Diebe zu jagen, Vagabunden zu entfernen, Querulanten ruhigzustellen, ein Protokoll zu schreiben, wenn sie einen Wilderer erwischt haben, das Verhalten von neu Zugezogenen zu überwachen und den Kindern Angst einzujagen, für die die Furcht vor der Polizei der erste Schritt zur Anständigkeit ist.

Das im großen und ganzen günstige Urteil ändert sich bis zur Unkenntlichkeit, sobald die Gendarmen nicht mehr Feldhüter bleiben, sondern zu Helfern der Justiz werden. Geschieht dies, so gibt es nur noch Einzelfälle und die tatkräftige oder stillschweigende Zusammenarbeit der Bevölkerung mit den Gendarmen kann – je nachdem – ganz verschieden aussehen.

Wie alle anderen auch, wußten die Gendarmen, was sie von dem Verhältnis des Mädchens zu seinem Arbeitgeber zu halten hatten. Ein anonymer Anruf hatte sie am Abend vorher gegen elf Uhr davon unterrichtet, daß vor der Dorfkneipe eine Leiche lag. Es handelte sich um die Leiche eines gewissen Yann l'Hostis, Knecht von Kerviniou, der bisher noch nie von sich reden gemacht hatte. Die Soazig war spurlos verschwunden. Das Gewehr von Yves le Quéré, Inhaber eines Jagdscheins, war unauffindbar. Zwei und zwei gibt vier: Yves le Quéré begab sich noch am selben Tag in Begleitung zweier Gendarmen nach Quimper, wo man ihn ins Bezirksgefängnis einsperrte. Der Ermittlungsrichter machte sich an die Arbeit.

Die Untersuchung stieß sofort gegen eine Mauer des Schweigens. Im Dorf hatte niemand etwas gesehen oder gehört. Niemand wußte etwas. Die Soazig, die sich wieder gezeigt hatte, setzte den Fragen des Richters trotziges Schweigen entgegen. Anna, die Tochter des Verdächtigen, verbarrikadierte sich hinter derselben Wand des Schweigens. Der Verdächtige selbst hatte die Sprache verloren.

Sechs Monate später wurde Yves le Quéré mangels Beweisen freigelassen. Nicht schuldig gesprochen von der Gerechtigkeit des Gesetzes, mußte er nun die Gerechtigkeit der Sippe auf sich nehmen, deren Urteil er schon von vornherein kannte. Er wußte sehr gut, daß das ganze Dorf einen Wall um ihn gebildet hatte, um ihn vor dem Gesetz zu schützen. Doch wußte er genausogut, daß er in den Augen des Dorfes nur ein Mörder war, dessen Blutschuld ungesühnt geblieben war. Er wußte, daß er sich aus einer Gemeinschaft ausgeschlossen hatte, die um ihn herum die unüberwindliche Mauer eines nicht ausgesprochenen, dafür aber letztinstanzlichen Urteils errichten würde, ein Todesurteil ohne Vollstreckung am Verurteilten.

Und dieses Urteil nahm er im voraus an.

Aus den Reihen der Lebenden gestrichen, würde er zu einem lebenden Toten, zu seinem eigenen Schatten. Wenn er ins Dorf ginge, würden diejenigen, denen er begegnete, nicht einmal den Kopf abwenden, um ihn nicht zu sehen. Sie sähen ihn ganz einfach nicht. Er würde unsichtbar sein, durchsichtig wie Glas.

Und Yves le Quéré ging nie wieder ins Dorf hinunter.

Die Soazig hatte die Gegend endgültig verlassen. Die Landarbeiter von Kerviniou haben sich anderswo verdingt. Kühe und Schweine sind auf dem Markt gelandet und nicht ersetzt worden. Die nicht mehr bestellten Felder waren bald mit Dornen und Quecke überwuchert. Auf dem Hof leben nur noch der Herr und seine Tochter, die ihn nicht verläßt. Jedes Jahr sieht man sie grauer und magerer werden. Wenn sie ins Dorf geht, um beim Bäcker oder Lebensmittelhändler einzukaufen, beantwortet sie mit einem kurzen Kopfnicken den Gruß derjenigen, die ihr begegnen. Des Sonntags richtet sie es so ein, daß sie als letzte zur Messe kommt und die Kirche als erste wieder verläßt. Da sie nicht mehr zur Beichte geht, geht sie auch nicht mehr zur Kommunion. Anna hat ihren Teil an der Sünde des Vaters übernommen.

Der Briefträger, der von Zeit zu Zeit auf den Hof kommt, hat eines Tages erzählt, daß Yves le Quéré blind zu werden beginnt. Um auf dem Hof umherzugehen, benötigt er einen Stock. Nein, es ist nicht das Rheuma, denn beim Gehen tastet der alte Mann den Boden ab.

Einige Jahre später, immer noch nach dem Briefträger, hat Anna ihren Vater beim Arm nehmen müssen, um ihn zu der Steinbank zu führen, wo er sich in die Sonne setzt. Steif wie ein Menhir, starr wie das Schicksal, sitzt er da in der Sonne, aufrecht, das Kinn in die Höhe gereckt, ohne daß ein Muskel in seinem Gesicht zuckt, ohne zu blinzeln. Yves le Quéré ist völlig erblindet.

Fünfunddreißig Jahre nach dem Verbrechen klopfte Anna an die Tür des Kaplans, um zu sagen, daß es mit ihrem Vater zu Ende ginge.

»Haben Sie den Arzt gerufen?« fragte der Kaplan.

Anna zuckte die Achseln. »Der Vater will niemanden außer Ihnen sehen. Er sagt, es sei das Ende.«

Der Kaplan ließ einen Meßdiener rufen, zog eine Soutane über und setzte sein Birett auf. Er begab sich nach Kerviniou. Nachdem er sich vom Zustand des Greises überzeugt hatte, spendete er ihm die letzte Ölung.

Am nächsten Tag läutete im Dorf die Totenglocke.

Die Messe dauerte fast doppelt so lang wie gewöhnlich. Die Meßdiener geben ihre Vorstellung mit erstaunlichem Ernst. Der Kaplan singt so falsch wie immer, aber er verschluckt nicht die Hälfte der Worte wie sonst. Er spricht langsam und deutlich die Worte, die den Übergang der Seele ins Jenseits erleichtern.

»Requiescat in pace... in pace... in pace!«

Nein, der Kaplan hat nicht gestottert. Er hat das Ritual bewußt verändert, und niemand wundert sich darüber. Auf dem Friedhof zieht das ganze Dorf an dem Grab vorbei, vor dem der Sarg abgestellt wurde. Vor dem Sarg gibt es ein Gefäß mit Weihwasser, worin ein Buchsbaumzweig liegt. Einer nach dem anderen sammeln sich alle Dorfbewohner einen Augenblick vor dem Sarg, besprengen ihn kreuzförmig mit Wasser, bekreuzigen sich und verlassen dann schwerfälligen Schrittes den Friedhof.

Später hieß es, daß der eiserne Christus, der am Missionskreuz auf dem Kirchplatz hing, an diesem Tag die Arme weiter ausgebreitet hatte als sonst.

Das mag wahr sein oder auch nicht, aber bei uns hat man schon merkwürdigere Dinge erlebt.

Verdammtes Schwein

»Kunden wie diese«, brummte Monsieur Léon, indem er den Hörer seines Telefons auf die Gabel knallte, »Kunden wie diese können einem das ganze heilige Geschäft verderben!«

Trotz der dreifachen Speckschicht, die seine Haut umspannte, war Monsieur Léon nichtsdestoweniger ungewöhnlich kräftig gebaut. Er war ein Riese mit spärlichen blonden Haaren und rosigem, wabbelndem Fleisch. Die beiden sorgfältig manikürten Schaufeln, die an seinen Armen herabhingen, waren gespickt mit Ringen. Hinter seiner goldgeränderten Brille moderte der Blick eines toten Fisches. Seine Person strahlte die Brutalität eines Freibeuters und die Verschlagenheit eines Balzacschen Notars aus.

Anstatt sich auf Autozubehör oder Heringsverkauf zu spezialisieren, hatte Monsieur Léon beschlossen, in bretonischen Heiligen zu machen, denn der bretonische Heilige stand hoch im Kurs und war Gold wert. Weiterer Vorteil: Im Gegensatz zum Autozubehör und zum Hering, deren Handelskreislauf von der Produktion bis zum Verbrauch strikt vorgezeichnet war, konnte man die bretonischen Heiligen wie Würstchen in warmen Semmeln handeln, ohne sie vorher auf Lager haben zu müssen. Es genügte, sie aus ihrer Nische zu entfernen.

Monsieur Léon hatte es in dieser Kunst zu wahrer Meisterschaft gebracht.

Einige Jahre zuvor hatte ein wieder zur amtlichen Konservierung konvertierter ehemaliger Minister[1] von Paris aus die

1 Anspielung auf A. Malraux, Schriftsteller und zeitweiliger Kulturminister, dem nachgesagt wird, daß er aus Kambodscha Kunstgegenstände habe »mitgehen« lassen.

systematische Erfassung von Denkmälern und Kunstschätzen, die in alle Winkel des Landes verstreut waren, angeordnet. Die Ergebnisse dieser Erfassung waren in einem allgemeinen Katalog festgehalten, der in mehreren Bänden – nach Gebieten geordnet – herauskam, und den man bei jedem Buchhändler bestellen konnte.

Dieser Katalog war Monsieur Léons Lieblingslektüre geworden.

Monsieur Léon ließ sein etwas auffälliges Mercedescoupé oft in der Garage stehen und machte sich auf Pilgerfahrt am Steuer eines unverwüstlichen Citroens aus den 30er Jahren. Seine Frömmigkeit führte ihn von Kirche zu Kapelle, von Kapelle zu Betplatz, wo er sorgfältig die Örtlichkeiten prüfte. Und so bereicherte er seine Kartei: Ein Hl. Corentin mit seinem Fisch. 16tes. Holz leicht wurmstichig. Hochrelief. Ca. 50 kg. Wächter 200 m von Kapelle entfernt. Alt, taub. Bellender Hund. Zufahrt leidlich... Eine Pietà. 17tes. (?) Stein. Hocherhabene Arbeit. Ca. 150 kg. Einarmiger Christus. Hof 100 m entfernt. Alter Junggeselle, blöd. Kein Hund. Zufahrt leicht... Ein Baum Jesses. 17tes. Holz. Flacherhabene Arbeit (schwierig zu entfernen). Gut erhalten. Nicht schwer, aber unhandlich. Kirche in Dorfmitte, am Friedhof. Lautes Café in der Nähe. Zufahrt problemlos... *Et cetera, et Deo gratias!*

Der Hl. Corentin, die Pietà und der Baum Jesses, die des Nachts diskret ihren Standort wechselten, wurden in eine Scheune in der Nähe von Quimper verfrachtet, sorgfältig verpackt und nach Zürich verschickt. Zürich war die Drehscheibe, von wo aus man sie zu ihrem endgültigen Zielort irgendwo in Nordeuropa oder nach Übersee brachte.

Die Maschinerie arbeitete wie geölt, die ganze Technik lief wie am Schnürchen. Die einzigen Pannen, die vorkamen, waren von jener Art, wie folgende:

Es geschah manchmal, daß die Organisation auf Bestellung arbeitete. So hatte sich eine Interessentin mit der Zentrale in Zürich in Verbindung gesetzt. Die Dame wünschte einen Hl. Antonius zu kaufen, um ihn ihrem Gatten, dessen Vorname eben Antonius war, zum Geschenk zu machen. Die Tatsache, daß Monsieur Léon einen Hl. Antonius nicht sofort zur Hand hatte, stellte an sich kein größeres Hindernis dar. Es war schon oft vorgekommen, daß er einen Hl. Guénolé, Vougay oder Ronan je nach Bedarf in Johannes, Peter oder Paul umgetauft hatte. Aber wer Hl. Antonius sagt, sagt leider auch Schwein. Ohne Schwein kein Hl. Antonius, und umgekehrt, ohne Hl. Antonius kein Schwein. Monsieur Léon lief im Teufelskreis. Nun legte die Kundin aber größten Wert auf das Schwein: Ohne Schwein kein Kaufvertrag.

»Kunden wie diese«, wiederholte Monsieur Léon laut, indem er sich zu Bébert und Mohammed, seinen beiden athletisch gebauten Mitarbeitern wandte, »das geht ans Geschäft und an die Nieren, das bringt den Stoffwechsel durcheinander und nimmt einem die ganze Lebensfreude.«

Er erklärte nun seinen Komparsen das Problem – ein anscheinend unlösbares Problem.

Als Monsieur Léon seinen Bericht beendet hatte, wobei er sich fragte, was ihn daran hindere, in die Lebensmittelbranche einzusteigen, nickte Bébert mit einer tadellos gespielten Sympathie und faßte die Lage mit dem Akzent von Belleville folgendermaßen zusammen:

»Eine echte Schweinerei, Chef. Das läßt einem den Lebenssaft zu Blutwurst gerinnen.«

Monsieur Léon lächelte fahl.

Dem Vorortkind Bébert war der Aufenthalt in der Pariser Gegend und einigen Großstädten in der Folge einer Geschichte untersagt worden, über die er sich in taktvolles

Schweigen hüllte. Er war stark wie ein Bär und verschlagen wie ein Fuchs. Als er vor einem Jahr in die Dienste des Monsieur Léon eingetreten war, hatte er in dem Unternehmen seines Chefs zuerst nichts weiter erblickt, als die verrückte Tarnung eines andersgearteten, weit wichtigeren Geschäfts. Nach kurzer Zeit hatte er seine Meinung geändert, und der Respekt, den er seinem Arbeitgeber zollte, hatte sich mächtig gesteigert. Bébert sorgte sich nicht um Monsieur Léon, der, was immer er auch sagen mochte, keineswegs geneigt war, zu Butter und Käse zu wechseln. Der Käse, den er in Händen hielt, war genausoviel wert wie die beste Goldader in Colorado.

Die Antwort Mohammeds auf die Klagen des Chefs war ebenso kurz wie zweideutig: »Geschäft von Chef, Geschäft von Schwein«, orakelte er sentenzenreich.

»Nur ruhig Blut bei der Wurst.«

Der »Chef« runzelte die Brauen.

»Er will sagen, daß das Geschäft verbrannt riecht«, beeilte sich Bébert zu erklären, der seinen Kameraden gern mochte, »und daß man lieber abwarten sollte, wenn es um die Wurst geht.«

»Er will das sagen, oder genau das, was er gesagt hat«, antwortete Monsieur Léon düster und fragte sich, ob er einen Angestellten nicht einfach ohne Vorwarnung vor die Tür setzen sollte, der ihn andeutungsweise mit einem Schwein auf eine Stufe stellte. Dann besann er sich darauf, daß Mohammed schon viel zu lange von dem Geschäft mit den bretonischen Marabuts wußte, und beschloß, seine Kündigung auszusetzen. Der Marokkaner erwiderte seinen mißtrauischen Blick mit Zärtlichkeit in den Augen.

»Bei diesen Scheißkameltreibern weiß man nie, woran man ist«, seufzte Monsieur Léon, der als Schwarzfuß die Psychologie der Völker in der Schule von Bab-el-Oued, einem Vorort von Algier studiert hatte.

Mohammeds Lächeln hätte einen Haudegen der Fremdenlegion entwaffnet.

Monsieur Léon war dabei, eine schlaflose Nacht zu verbringen, als ihm gegen drei Uhr die Erleuchtung kam. Die Lösung lag auf der Hand, und sie hieß Cornély. In der Scheune, die als Lager diente, wartete seit zwei Monaten ein Hl. Cornély, der noch nicht in die Emigration geschickt worden war. Sicherlich, der hehre Einsiedler war traditionsgemäß mit einem Ochsen dargestellt, aber es genügte eine kleine Schönheitsoperation mit ein paar Hammerschlägen, um den Wiederkäuer unkenntlich zu machen. Der Rest war eine Sache des Schwafelns, und dabei konnte man auf Monsieur Léons Fertigkeiten vertrauen. Die dem Tier angetanen Verstümmelungen würden dem Eifer der Bilderstürmer der fränzösischen Revolution zur Last gelegt werden. Nicht gesehen, nicht erwischt, hier ist der Trumpf, und her mit dem Geld!

Monsieur Léon schlief endlich und lächelte den Engeln zu. Er träumte, daß er zum Himmel auffuhr, um vor dem Höchsten Richter zu erscheinen. Links neben dem Richter befand sich eine Frau, die kaum zwanzig Jahre zählen mochte. Sie war nicht sehr groß, besaß breite Hüften, einen zierlichen Oberkörper und kräftige Hände und Füße. Sie hatte eine niedrige Stirn, hervorspringende Backenknochen, eine hochmütige Nase, große und sehr weiße Zähne, und ihre Unterlippe hatte seltsamerweise einen doppelten Rand. Ihr meergrüner Blick glich einer aufgewühlten See. Der falbe Busch ihrer Haare war von Efeu umrankt. Rittlings auf einem Einhorn sitzend, hielt sie in der rechten Hand einen blühenden Weißdornzweig.

»Da bin ich doch mitten in einen Karnevalszug geraten«, seufzte Monsieur Léon. »Diese Geschichte mit dem Schwein wird meine Verdauung beeinträchtigt haben.«

Die Überraschung, die diese Erscheinung in ihm verursacht hatte, war jedoch nichts verglichen mit dem Blitz, der ihn traf, als er gewahr wurde, daß der von amtlicher Seite für ihn bestimmte Verteidiger – Mohammed war.

»Tach, Chef«, sagte Mohammed leutselig. »Warum nix ruhig warten, wenn geht um die Wurst?«

Monsieur Léon antwortete nicht.

Die Anklage war kurz. Die Frau beschränkte sich darauf – sehr objektiv, bei meiner Treu! – das Wesen von Monsieur Léons Aktivitäten zu beschreiben, der einen Seufzer der Erleichterung ausstieß. Es war ihm letztlich nicht allzuviel bei seinem Geschäft mit den Heiligen der Barbarei vorzuwerfen, die schließlich, wie bekannt ist, niemals in Rom in aller Form heiliggesprochen worden waren. »Wetten, daß ich mit zwei- oder dreitausend Jahren Fegefeuer davonkomme?« sagte sich Monsieur Léon, aber es war niemand da, um die Wette anzunehmen.

Auf Antrag der Frau befahl der Richter, die Zeugen einzulassen, deren Ankunft Monsieur Léon zu folgender Bemerkung hinriß:

»Der Karneval wird zum Bordell!«

Dieses Wort war keineswegs zu stark, denn die beiden fraglichen Zeugen waren niemand anders als der Hl. Antonius und der Hl. Cornély, die den Gerichtssaal betraten, der erste auf seinem Schwein und der letztere auf seinem Ochsen reitend.

»Ist sich egal Viehmarkt«, stellte Mohammed seinerseits fest. »Sie erlauben, ich holen meinen Esel.«

Und Mohammed verschwand.

Als er wiederkam, auf einem Esel sitzend, waren der Hl. Antonius und der Hl. Cornély gerade dabei, sich gegenseitig eine ordentliche Tracht Prügel zu versetzen, wobei jeder den anderen beschuldigte, mit der von Monsieur Léon beschlossenen Tauschaktion einverstanden gewesen zu sein.

»Das ist doch nicht möglich«, sagte Monsieur Léon. »Es wird mein Magen sein, der rebelliert.«

»Tja ja«, meinte Mohammed.

»Der Verteidiger hat das Wort«, sprach der Richter.

Und Mohammed hub an:

»Missis«, sagte Mohammed, »zweifle an der Sonne Klarheit, zweifle an der Sterne Licht, zweifle, ob lügen kann die Wahrheit... schön nicht, Chef? Schade, Schluß haben ich vergessen. Macht aber nix. Ich weiß nicht, was soll es bedeuten, daß mein Chef so traurig ist, Geschäft kaputt, Geld fort, Kusskuss gut, Ali-Allah! Ich erzählen die Geschichte von Rabe, Fuchs und Käse. Rabe riechen nix gut, Fuchs riechen schlecht und Käse stinken, so wie Geschäft von Chef.«

Die Frau brach in schallendes Gelächter aus, und Gottvater ließ einen großen Furz des Vergnügens los.

»Ich ziehe es vor, daß mein Prozeß in absentia stattfindet«, erklärte Monsieur Léon mit Würde und schritt zur Tür.

Dabei wachte er halb auf, drehte sich auf die andere Seite und genoß endlich einen alptraumlosen Schlummer.

Am folgenden Morgen warteten Bébert und Mohammed, die im Lager wohnten, vergeblich auf Monsieur Léons Erscheinen. Um elf Uhr nahm Bébert den Telefonhörer in die Hand und wählte erfolglos die Nummer des Chefs. Ebenso ergebnislos verliefen im Laufe des Tages noch weitere Versuche, Monsieur Léon telefonisch zu erreichen. Um sechs Uhr abends beschloß Bébert, sich mit Mohammed in Monsieur Léons Wohnung zu begeben, um zu erfahren, was los war.

Als sein Klingeln auch nicht mehr Erfolg zeitigte als die Anrufe, öffnete er die Tür mit einem Nachschlüssel, den ihm sein Arbeitgeber ausgehändigt hatte. Das Haus war leer. Monsieur Léon hatte sich in Rauch aufgelöst.

»Ich glaub', mein Schwein pfeift!«

»Geschäft von Chef, Geschäft von Schwein«, sagte Mohammed. »Schwein kaputt, Chef weg.«

»Scheiße noch mal«, sagte Bébert. »Trotz deines saudummen Gesichts und deiner Kurzsichtigkeit könnte man annehmen, daß du mit deiner Nase voll in der Sache drinsteckst. Wir werden für ein paar Tage ins Grüne fahren. Ich nehme dich zu meiner Schwester mit, die mit einem Zöllner aus Concarneau verheiratet ist. Ich werde jeden Tag anrufen, um zu erfahren, ob der Vogel wieder aufgetaucht ist. Hopp, hopp, in die Scheune und Tempo. Wir packen.«

Auf der Rückfahrt stellte Bébert, ohne recht daran zu glauben, die These auf, daß Monsieur Léon den ganzen Tag über von einer unvorhergesehenen Angelegenheit in Anspruch genommen worden sei, und sie machten sich auf den Weg in die Scheune.

»Nur ruhig Blut, wenn geht um Wurst«, sagte Mohammed.

»Du und deine Wurst!« sprach Bébert.

Vor dem Tor des Lagers erwartete sie ein Schwein, das wer weiß woher gekommen war und sie flehenden Blickes ansah, wobei es fast menschliche Klagelaute ausstieß. Nachdem sie das Vieh mit derben Fußtritten ins Hinterteil verjagt hatten, betraten die beiden Männer die Scheune, um ihre Koffer zu packen. Als sie wieder herauskamen, erwartete sie das Schwein erneut vor dem Tor.

Mohammed betrachtete das Tier nachdenklich. Er war

drauf und dran, etwas zu sagen, als Bébert ihm das Wort abschnitt:

»Nur ruhig Blut, wenn's um die Wurst geht!«

Die beiden Männer begaben sich zu dem alten Citroen.

Als das Auto anfuhr, begann das Schwein heiße Tränen zu vergießen.

Ihr Louis

Tja, mit mehr als fünfundsiebzig Jahren mache ich immer noch die Näharbeiten fürs ganze Dorf, was wollen Sie, alle, denen ich's beigebracht habe, sind in die Stadt gegangen. Hier sind wir ja auf'm Land. Kein Mädchen käme je auf die Idee, einen Bauern zu heiraten. Einen heiraten, der eine Landwirtschaft hat, das heißt, um sechs Uhr morgens aufstehen im Winter und um fünf Uhr im Sommer, um das Futter für die Schweine fertigzumachen, die Schweine zu füttern, die Kühe zu melken, sie zur Tränke zu führen, der Familie das Frühstück zu machen, die Kinder zu wecken und anzuziehen, sie füttern, zur Schule bringen, wenn sie klein sind, beim Bäcker, Metzger und Lebensmittelhändler anstehen, bis man an der Reihe ist, nach Hause zurückgehen, die Hühner füttern, die Kühe aufs Feld führen, nach Hause zurückgehen, Betten machen, fegen, das Gemüse für die Mittagssuppe putzen, die Suppe aufs Feuer setzen, den Tisch decken, die Leute bedienen, spülen, nur zu, meine Tochter, Wäsche waschen oder bügeln, den Garten umgraben, pflanzen, zwiebrachen, jäten und sprengen, die Kinder abholen, die Suppe für abends aufsetzen, die Kühe holen, sie melken, den Tisch decken, die Suppe servieren, Geschirr spülen, die Kinder ins Bett bringen, die Wäsche flicken, ja weiter, du Ärmste, je nach Jahreszeit mußt du auch noch Zeit finden, und helfen, Erbsen, Buschbohnen, Kirschen oder Kartoffeln zu ernten, Heu einzubringen oder Garben zu binden, und wenn du, kaputt wie du bist, daß der Quark in deinen Knochen zu Spülwasser zu werden droht, wenn du also weit nach zehn Uhr abends vor Müdigkeit fast umfällst, mußt du außerdem noch die eheliche Fron hinter dich bringen, wenn deinem Mann der Sinn danach steht. Am nächsten Tag beginnt alles von vorn, und nie kannst du ein Ende absehen.

Ja, was Wunder also, daß unter diesen Umständen alle Mädchen von hier lieber in die Stadt gehen, um Dienstmädchen für alles oder Matrosenmädchen zu werden, wenn sie keine Ausbildung haben, oder aber Nonne, wenn der Kaplan beschlossen hat, daß sie dazu berufen wären, oder aber sie arbeiten in ihrem Beruf, sofern sie einen haben, so wie die, denen ich das Nähen beigebracht habe, und warten darauf, daß sie einen Kaufmann, Angestellten, Polizisten oder Briefträger angeln, wenn sie Glück haben, oder, wenn sie keins haben, einen Arbeiter oder Seemann.

Ob Dienst- oder Barmädchen, ob gut oder schlecht verheiratet, im Sommer sieht man sie alle ins Heimatdorf zurückkehren und die Dame mit bezahltem Urlaub spielen; sie lassen mit ihren Kleidern diejenigen vor Neid erblassen, die einen vom Land genommen haben.

Tja, das soll heißen, daß alle, die hier bleiben, schon zuviel zu tun haben, um sich nebenbei auch noch ums Nähen zu kümmern, abgesehen davon, daß sie es gar nicht könnten, denn Nähen ist eine Kunst, ich weiß wovon ich rede. Stopfen und flicken, das können sie, ja, mehr schlecht als recht, doch wenn ein Hemdkragen zu erneuern ist, eine Hose kürzer oder länger gemacht werden soll, das Kommunionskleid der Ältesten für die Jüngste der Mode angepaßt werden soll, wenn ein Flicken in ein abgewetztes Bettuch einzusetzen ist, ein Rock oder Kleid aus einem Stoff genäht werden soll, den man auf dem Markt erstanden hat, dann kommen sie an, ganz arglos: Meine arme Marie-Louise, ich weiß sehr wohl, daß Sie sich zur Ruhe gesetzt haben und daß es Ihnen schwerfällt, den Faden einzufädeln, mit Ihren schlechten Augen am Hals, doch sitze ich gerade in der Klemme, und außer Ihnen gibt es niemanden, der mir helfen könnte und so weiter und so fort. Und ich, gutmütig, wie ich bin, lasse mich wieder überreden und schwöre, daß es das letzte Mal ist... bis zum nächsten Mal.

Ja, wie bei Ihnen, Sie sitzen auch in der Klemme, Sie sagen, daß alle Ihre Kollegen sich über Ihr Loch am Hintern lustig machen. Jesus, Maria und Joseph, da heißt's nun, daß die Frauen eitel wären!... Nebenbei bemerkt, ob gut oder schlecht gekleidet, mit einem Loch da oder woanders, Sie werden nie das sein, was man einen hübschen Kerl nennt, lassen Sie sich das gesagt sein, Sie sehen ja zum Fürchten aus! So, ziehen Sie das mal aus, Sie brauchen sich nicht zu genieren, drehen Sie sich halt um, Sie können sich denken, daß ich schon andere gesehen habe, in meinem Alter. Aber Sie bestehen ja nur aus Haut und Knochen! In Ihrem Land werdet Ihr wohl von den Raben in der Erntezeit ernährt? Sie werden wohl auch nicht viel haben, um mich zu bezahlen, was? Gut, ich mache Ihnen einen Freundschaftspreis, denn Sie ähneln meinem Louis.

Er hatte kaum mehr auf den Rippen als Sie, mein Louis, und er sah auch kaum besser aus, um bei der Wahrheit zu bleiben, aber lebhaft und sehnig war er, und anpacken konnte er wie kein zweiter. Und so stolz wie der König von Spanien, wenn er gerade seine Lohntüte in Empfang genommen hat. Er roch auch besser als Sie, aber ich möchte Sie nicht kränken. Wo habe ich bloß meine Schere hingelegt? Ah, da ist sie ja... So, jetzt ist Ihr Loch schön gerade ausgeschnitten. Soll ich Ihnen vielleicht einen geblümten Flicken draufsetzen, wie das die Hippies gern tun, auf dem Hintern oder dem Knie? Nein? Recht haben Sie, das wäre geradeso, als wenn eine barmherzige Schwester sich einen Brautstrauß an die Haube stecken würde, das wäre genauso geschmacklos.

Nach Amerika ist er mir gegangen, eines Tages, mein Louis, um sein Glück zu machen, wie er sagte. Wart nur zehn Jahre auf mich, Marie-Louise, wenn ich wiederkomme, werde ich genug Geld haben, um die Kneipe von meinem Onkel Youenn in der Rue du Chapeau-Rouge in Quimper zu kaufen: Das ist nun dreiundfünfzig Jahre her. Ich warte immer noch auf ihn.

Die ersten Jahre habe ich meinen Liebeskummer geduldig ertragen, denn ich habe beinahe alle sechs Monate einen Brief bekommen, den er von jemand anders schreiben ließ, denn Schreiben war nicht seine Stärke. Er ist dort Hirte geworden, Schafhirte in einem Land, in dem es nichts als Gras gibt, keinen einzigen Baum, soweit das Auge reicht, so hieß es in seinen Briefen. Pferdehirte, und ich mußte lachen, wenn ich mir meinen Louis auf einem Pferd vorstellte, mit einem großen Cowboy-Hut auf dem Kopf und Lederhosen am Hintern. Hirte mitten in der Graswüste, die nächste Stadt mehr als zweihundert Kilometer weit weg, eine schöne große Stadt, erzählte er, am Ufer eines großen Sees voller Salzwasser, kaum zu glauben, ein See mit salzigem Wasser, wie das Meer, der aber nicht das Meer ist. Und die Leute da haben eine seltsame Religion, von der ich sonst noch nie etwas gehört habe. Schafhirte also, mit mehr als zehntausend Schafen, und das kann ich noch nicht glauben, obwohl, mein Louis, das war einer, der niemandem Lügen auftischt, und mir schon gar nicht. Mehr als zehntausend Schafe, die sie zu zweit hüteten, er und eine Art wilder Spanier.

Nach fünf Jahren schrieb er mir, daß er genug hätte von den Schafen, dem Gras und dem wilden Spanier. Daß er genug davon hätte, immer nur Schaffleisch mit Dosengemüse zu essen, wie soll man auch Kartoffeln anpflanzen, wenn man dauernd mit den verdammten Schafen umherzieht, um neue

Weidegründe zu finden, wenn sie einen Ort ratzekahl gefressen haben. Er hatte auch genug von den Indianerfrauen, die ihm von Zeit zu Zeit gegen ein paar Konserven oder Schnaps die Zeit vertrieben, Indianerfrauen, die nicht ein Härchen an ihrem Murmeltierchen hatten, ja, es gibt schon viele merkwürdige Dinge auf der Welt.

Manchmal, fast alle sechs Monate, ritt er in diese große Stadt, von der ich Ihnen schon erzählt habe, ich weiß nicht mehr, wie sie heißt, um sich acht Tage lang zu vergnügen und die richtigen amerikanischen Frauen zu streicheln, die Haare an ihrem Murmeltier haben.

Anständig war er trotzdem, sehr sogar. Aus dieser Stadt ließ er mir schreiben und Geldanweisungen schicken, damit ich es auf die Seite legte, um uns eines Tages die Kneipe vom Onkel Youenn kaufen zu können.

Fünf Jahre lang hat er mir geschrieben, mein Louis, und mir sein Erspartes geschickt. Und dann habe ich nichts mehr aus Amerika bekommen, nicht den Schatten einer Nachricht, geschweige denn einen Heller.

Anfangs habe ich mir nicht viele Sorgen deswegen gemacht und mir gesagt, daß er denjenigen, der die Briefe für ihn schrieb und das Geld schickte, aus den Augen verloren hätte, daß er aber wohl einen andern finden würde, der Französisch verstand.

Nichts, keine Nachricht, kein Geld.

Da dachte ich, daß er vielleicht die Sache mit den Schafen aufgegeben hätte und sein Glück in einer anderen Branche oder in einem anderen Land von Amerika suchen würde.

Immer noch kein Geld, keine Nachricht. Das ging sechs oder sieben Jahre lang so. Dann habe ich mir überlegt, aus den Augen, aus dem Sinn, vielleicht hatte er sich in eine Frau dort verliebt und mich vergessen, doch ich wußte sofort, daß das nicht stimmte. Dafür kannte ich ihn zu gut, meinen Louis, alles war möglich, aber das nicht.

Und nach knapp fünfzehn Jahren hat mir plötzlich die Wahrheit die Schuppen von den Augen fallen lassen: Mein Louis war dahingegangen. Nein, geweint habe ich nicht, denn mir war sogleich klar, daß das Unglück geschehen war, als er aufhörte, mir zu schreiben. Zu spät war es zum Weinen, und außerdem hatte ich bereits alle meine Tränen vergossen, seitdem ich nichts mehr von ihm gehört hatte. Gelähmt war ich, wie eine, der man mit einem Knüppel auf den Hinterkopf geschlagen hat. Etwa zu dieser Zeit hörte ich auf, in die Kirche zu gehen, und die Leute begannen, mich schief anzugukken, so als ob ich mit meinem Blick Unheil über sie bringen könnte. Sie fürchteten sich davor, mir zu begegnen. Und auch ich bekam Angst, weil ich mir sagte, daß ich, so wie alle mich ansahen, früher oder später alle meine Kundinnen verlieren würde. Aber nein, wie ich Ihnen bereits sagte, bin ich die einzige Näherin in der Umgebung. Nur haben sie immer einen triftigen Grund, immer denselben, um den Kaffee abzulehnen, den ich ihnen anbot, wenn sie mit ihrem Paket unterm Arm zu mir kamen, meine Kundinnen. Sie hatten gerade erst zwei oder drei Tassen getrunken, und zuviel Kaffee macht einen nervös und dann kann ich nicht schlafen, Marie-Louise. Sie kommen also, wickeln ihr Paket aus, erklären mir, was ich tun soll und machen sich schleunigst aus dem Staub. Dasselbe Spiel, wenn sie die fertige Arbeit abholen.

Ich rede und rede, ich höre gar nicht mehr auf zu reden, werden Sie sagen, aber das habe ich mir im Lauf der Zeit so angewöhnt, seitdem sich niemand mehr bei mir aufhält, um sich mit mir zu unterhalten. Jetzt unterhalte ich mich eben mit mir selbst und erzähle mir komische Geschichten. Ich sehe auch komische Dinge und auch komische Leute, wenn der

Tag zu Ende geht und es dunkel wird in meinem Zimmer. Ich wäre auch gar nicht erstaunt, wenn Sie mit einem Mal fort wären, pffft, und nicht mehr Spuren hinterließen als mein Louis, wenn ich also feststellen würde, daß ich wieder einmal laut träume.

Doch glücklicherweise sind Sie ja da, mit Haut und Knochen, allerdings mehr mit Knochen, um ehrlich zu sein, nichts für ungut, man könnte meinen, daß sie Rübensaft in den Adern haben. Autsch! Und wenn ich träumte, würde ich mir nicht beim letzten Stich in den Finger stechen. Da, die Sache ist geflickt, Sie können ihn wieder anziehen, Ihren Elendskittel. Und vielleicht werden Sie's mir nicht glauben, aber ob Sie's glauben oder nicht, ich schwöre Ihnen, bis zum heutigen Tag habe ich noch nie ein Leichentuch geflickt.

Kirschenzeit

Er war dreiundsechzig Jahre alt. Er war ein sanfter und verträumter Mensch, so sanft, daß man ihn für ein wenig einfältig hielt. Man nannte ihn den Joseph vom kleinen Haus – Jos Ty bihan – denn er bewohnte mit seiner Alten eine winzige Hütte inmitten eines großen Kirschenhains ganz unten im Dorf.

Im Alter von sechzig Jahren besaß die Marie vom kleinen Haus nur noch einen einzigen Zahn, der jedoch von blendendem Weiß war. Sie war schlau wie ein Fuchs und hinterlistig wie eine Schlange. Das ganze Dorf fürchtete sich vor ihr.

Die Marie war geldgierig und arbeitswütig. Der Jos strebte weder nach Geld noch nach Arbeit. Wenn seine Alte ihn dazu antrieb, nahm er dennoch von Zeit zu Zeit ein Werkzeug in die Hand. Er hatte sogar lange Zeit eine öffentliche Funktion – oder doch zumindest fast – im Dorf inne: Er war es, der zwei- oder dreimal im Jahr den Briefträger vertrat, wenn dieser krank war oder frei hatte. Was er gern tat, war Spazierengehen, wobei er in den Wolken schwebte.

Die beste Zeit seines Lebens hatte er in Deutschland verbracht. Nachdem er 1940 in Sedan in Kriegsgefangenschaft geraten war, fand er sich kurz darauf im Rheinland wieder, als Knecht eines reichen Bauernpaares, dessen einziger Sohn gerade in den Ardennen auf dem Feld der Ehre gefallen war.

»Malheur, la guerre!« hatte die Frau geschluchzt, als sie dem Jos die Fotografien eines stattlichen Soldaten zeigte. Zwei Monate später hatte das Ehepaar dem Gefangenen all die Zuneigung übertragen, die bis dahin dem verschwundenen Sohn gegolten hatte. Der Jos war der Sohn des Hauses geworden. Die Arbeit auf dem Bauernhof wurde von einer Gruppe Polen verrichtet. Der Jos war offiziell für den Stall verantwortlich, wo sich eine großbusige und kurzbeinige Polin betätigte, die immer zum Lachen aufgelegt war.

Und der Jos und die Polin hatten fünf Jahre lang zusammen gelacht.

Im Mai 1945 kam der Jos auf dem Bahnhof von Quimper an, wo ihn seine Marie erwartete. Nachdem sie ihn dreimal geküßt hatte, hieß die Marie ihn auf den Holzkarren steigen, der ihn in den heimischen Stall zurückbrachte. Am folgenden Tag sah man den Jos melancholisch mit der Marie Kartoffeln zwiebrachen. Die Marie kam schneller voran, und der Abstand zwischen ihnen wurde immer größer. Um elf Uhr war die Marie fortgegangen, um die Mittagssuppe zu bereiten. Als sie zurückkam, träumte der Jos, auf seine Hacke gestützt. Er hatte nicht gewagt, sich zu setzen. Er käute die jüngste Vergangenheit wieder.

Die Jahre waren dahingegangen, ohne daß das Lachen eines Kindes das kleine Haus erhellt hatte. Das ganze Dorf wußte, daß die Marie eine unfruchtbare Stute war, denn das ganze Dorf wußte ebensogut, daß der Jos eine stattliche Zahl von Sprößlingen im Gras gepflanzt hatte, wenn er herumvagabundiert war oder den Briefträger vertreten hatte. Mädchen und Frauen versenkten sich gern in den Traum seiner blauen Augen.

Im Laufe der Zeit wurde die Marie immer verbitterter. Der schweigsame Jos schwebte in den Wolken.

An einem Tag im Februar entdeckte die Marie ihren Jos der Länge nach zwischen zwei Kohlreihen hingestreckt, mit dem Gesicht zur Erde. Der Arzt stellte einen Schlaganfall fest und ließ den Kranken ins Spital bringen. Als der Jos weg war, lief die Marie hinauf ins Dorf, wo sie sich in Wehklagen erging. Durch das Drama erlangte sie neue Größe, sozusagen eine weitere Dimension. Mit wilder Miene, die Haube auf ihren wenigen Haaren auf Sturm stehend, ging sie von Haus zu Haus und sagte ihr Verslein auf, das sie jedesmal neu zurechtschliff und ausschmückte. Man bot ihr eine Tasse Kaffee an – »Ich bedanke mich auch vielmals« –, und sie intonierte *mezzo voce* die Saga von einem ach so guten Mann der nicht trank nicht hinter den Weibern herlief schwer arbeitete das wäre ein rechtes Wunder wenn er sich jemals wieder erholt und wenn er sich eines Tages erholen sollte so wird er nie wieder wie früher sein denn so eine Attacke – *più forte* – das hinterläßt immer Spuren und vielleicht wird er mir in einer kleinen Rollkarre wiederkommen worin ich ihn schieben muß – *frenetico* – wie eine halbe Leiche oder er wird bis an das Ende seiner Tage gelähmt im Bett bleiben mir die Leibwäsche und die Bettücher verdrecken ich Arme ich werde keine Zeit mehr haben um mich um anderes zu kümmern und ich werde meine Hühner und Karnickel verkaufen müssen um den Arzt zu bezahlen und den Krankenwagen und das Krankenhaus und den Rollstuhl und Gott weiß was noch alles und vielleicht man kann ja nie wissen – *furioso* – werde ich von der Krankenkasse nichts wiederbekommen oder wieviel davon ach das Leben ist hart zu den armen Leuten hören Sie und es gibt hier auf Erden keine Gerechtigkeit. *Da capo:* Ein ach so guter Mann...

Das Dorf hielt dem acht Tage lang stand, dann wollten sich die Türen nicht mehr öffnen und die Kaffeetassen sich nicht mehr füllen, um die Megäre zu begrüßen, der jetzt nur die Vorübergehenden als Beute blieben, um ihnen von ihrem Unglück zu berichten.

Der Jos hatte sich im Krankenhaus schneller erholt als erwartet, aber die Ärzte bestanden trotzdem darauf, ihn zur Beobachtung zu behalten. Wecken um sechs Uhr, Frühstück, Waschen, die Pause, dann kam die Schwester, die Pause, Visite, die Pause, Mittagessen um elf Uhr, dann die Siesta, anschließend ein Kartenspiel mit den Leidensgenossen, Abendessen um sechs, dann Schlafen. Es war fast genauso schön wie die Gefangenschaft im Rheinland – bis auf die Polin natürlich, aber die Polin war weit, und der Jos dachte kaum noch an die Bagatelle.

Zwei Monate später hat die Marie im ganzen Dorf die gute Nachricht hinausposaunt, daß der Jos gerade rechtzeitig zu den Frühjahrsarbeiten nach Hause zurückkehren würde. Am folgenden Tag habe ich das Paar zum Kaffee besucht, um Neues über die Genesung zu erfahren.

»Seine Genesung hat er schon im Krankenhaus gehabt«, entschied die Marie, indem sie mir eine Tasse Kaffee einschenkte – »Herzlichen Dank auch, Marie vom kleinen Haus.« Danach begann sie, die Litanei der Krankenhauskosten von dem Jos wie ein böses Gebet herunterzuleiern. Nach den Kosten die Nebenkosten. Zusammengekrümmt auf seinem Stuhl schüttelte der Jos den Kopf, ohne ein Wort zu sagen, und er sah dümmer aus, als die Polizei erlaubt, während er mechanisch mit dem Löffel ein nicht vorhandenes Zuckerstückchen umrührte, das ihm die Harpyie[1] verweigert hatte, weil Zucker, das ist nichts nach einem Schlaganfall, das steht so fest wie das Amen in der Kirche.

Als sie mit dem Kapitel über die Kosten und Nebenkosten fertig war, begann die Alte das über den Gewinnausfall. Der Jos stand auf, ging zum Fenster, und, seinem bösen Schicksal

1 Harpyie: Ungeheuer der griechischen Sage, Vogel mit Mädchenköpfen

herausfordernd den Rücken zukehrend, fing er an, den Zapfenstreich zu pfeifen.

»Um den Verstand wird er mich noch bringen«, brüllte die Marie, »nun gebärdet er sich tatsächlich wie ein Vogel!«

Keine Antwort. Der Jos hatte beschlossen, sich totzustellen, und die Marie begann mit dem dritten Kapitel, was von den Frühjahrsarbeiten handelte, die aus ihrem Mann sicherlich wieder einen Mann machen würden als plötzlich:

»Kiwitt, kiwitt, kiwitt!«

Aufrecht vor dem Fenster, den Hals nach vorn gestreckt, stand der Jos auf Zehenspitzen und vollführte mit den Armen eine flatternde Bewegung, so als wollte er fliegen:

»Kiwitt, kiwitt, kiwitt!«

Die Marie wurde weiß und ich, in der Vorahnung schlimmer Ereignisse, schlich mich weg und überließ den armen Jos seinem traurigen Schicksal.

Er war ein sanfter und verträumter Mensch, so sanft, daß man ihn für ein wenig einfältig hielt – womit sich die Leute gewaltig im Irrtum befanden. Von diesem Tag an spielte der Jos systematisch den Vogel, wenn ihm die Marie ein Handwerkszeug in die Finger drücken wollte. »Kiwitt, kiwitt…« Das Gerät fiel zu Boden, während der Jos auf Zehenspitzen heftig versuchte, davonzufliegen.

Die Marie kam aus dem Ärgern nicht mehr heraus. »Völlig verrückt ist er mir geworden, mein Mann. Er taugte schon vor seinem Anfall nicht viel. Dauernd bummelte er herum und lief hinter den Weibern her – man sollte mich nicht für dümmer halten als ich bin, schließlich ist man ja nicht blind, oder? – Nun ist er zu gar nichts mehr zu gebrauchen, und wenn das so weitergeht, bringe ich ihn zum Irrenarzt, daß der ihn mir ein für alle Male gut einsperrt, bevor er gefährlich wird. Eine letzte Chance will ich ihm beim Kirschenernten geben und wenn er mir nicht mindestens einen Zentner täglich pflückt – bei dem Preis, den sie mir dafür zahlen, diese Schweine, diese Halunken – dann bringe ich ihn zum Fischiater und gute Nacht, auf Wiedersehen!«

Am Morgen des großen Tages trieb mich die Neugier zum Kirschenhain. Die Marie hatte die Leiter gegen einen Baum gelehnt, sie drückte dem Jos den Henkel eines Korbes in die Hand, und hoppla, mein Guter, das ist der Augenblick, dein Glück im Flug zu erhaschen, deine allerletzte Chance, sonst ab mit dir in die Anstalt.

»Meine letzte Chance«, hat der Jos gemurmelt, als er langsam die Leiter hochstieg.

Die Marie und ich haben seinen Körper langsam im Laub verschwinden sehen, dann seinen Oberkörper, seine Hüften, seine Füße, und ich hatte den Eindruck, daß der Baum, der undurchsichtig geworden war, zärtlich die Arme seiner Zweige um den Jos schlang, wie um ihn mütterlich einzupuppen.

Ein seltsames Geräusch, wie von einem, der ausspuckt: die Marie wurde von einer ganzen Handvoll säuberlich abgegessener Kirschsteine mitten ins Gesicht getroffen. Der leere Korb fiel uns vor die Füße.

»Jos«, schrie die Marie.

»Kiwitt, kiwitt, kiwitt!«

Großes Flügelrauschen.

Ganz sanft lösten die Zweige ihre Umschlingung, und der Baum wurde wieder durchsichtig.

Aber es war niemand mehr oben.

Der Jos war verschwunden.

Man hat ihn nie wiedergesehen.

Die Pfade zur Hölle

Es wurde schon finster an diesem Herbstabend, als die Mutter das Kind schickte, um vom Bauernhof Milch zu holen, vorbei an dem kleinen Bahnhof, weiter noch als der Waschplatz, ganz am Ende eines langen Hohlweges.

»Hast du auch keine Angst?« hatte die Mutter gefragt, als es ging. Nein, es hatte keine Angst. Noch nicht...

Aber es wußte sehr gut, daß auf dem Rückweg die Hl. Angst immer hinter ihm her sein würde in dem großen schwarzen Backofen des Weges, der von Jahrhunderteichen gesäumt war.

Nachdem die Bäuerin ihm die Kanne gefüllt hatte, fragte auch sie, ob es denn keine Angst habe und es hatte geantwortet, daß es fast neun Jahre alt sei und kein Mädchen. Die Bäuerin lächelte, schloß die Tür, und das Kind fand sich wieder im Dunkeln auf dem Heimweg. An der ersten Biegung begann es zu singen, um die Nacht zu beschwören.

Le Régiment de Sambre et Meuse
marchait toujours au cri de Liberté...

Das Regiment von Sambre und Meuse ist dem Zug tapfer gefolgt bis zur zweiten Strophe: dreihundert Meter. Mitten in der zweiten Strophe schwenkte es um und stob auseinander, das Kind ganz allein in der dunklen Nacht zurücklassend. Das Kind beschleunigte seinen Schritt. Die Scheibe des Mondes rollte am Himmelsrand dahin, und ihre Helligkeit zerriß für Augenblicke den filzigen Vorhang der Eichenzweige, die sich im Seewind bewegten und gewaltig ausbreiteten wie Kraken: »Huuuuuh!«

In der Ferne begann ein Hund im Mondschein zu heulen.

Ein Hund? Nie und nimmer; ein Toter, der Qualen litt.

Das Kind fiel in Sturmschritt und lief, lief, lief, die Milchkanne an sein Herz gepreßt. Daß mir mein Fuß nur ja nicht in eine Wagenspur gerät, daß ich bloß nicht meine Milch verschütte, nicht die Kanne meiner Mutter verliere oder verbeule, daß ich nur ja nicht mein Gesicht verliere. Sein Herz spielte verrückt, sein Bauch spielte verrückt, auch seine Füße, und auf seinem Kopf tanzten seine Haare.

Das vertraute Geräusch eines Menschen, der Wäsche klopfte, schlug plötzlich am Ende des Hohlweges die gehörnten Dämonen der Schatten in die Flucht.

»Es ist recht spät, mein Kleiner, um so ganz allein die Wege der Nacht zu laufen.«

Am Rande des Waschplatzes kniend, wusch eine alte Frau ihre Wäsche.

Auf dem Hinweg hatte das Kind sie gar nicht bemerkt, aber auf dem Hinweg hatte es auch keinen Grund, sie zu beachten, es hatte keine Angst gehabt. Jetzt hatte es übrigens auch keine Angst, nein. Es hatte viele Male die Geschichte von diesen Frauen ohne Gesicht erzählen hören, die nachts die Leichentücher der Hingeschiedenen wuschen; Unglück über den, der ihnen hilft, die Wäsche auszuwinden: die Verrenkung deiner Hände erreicht deine Arme, ergreift deine Schultern, schnürt dir das Herz zu, und auf einmal bist du für die Ewigkeit auf den Pfaden zur Hölle angekettet. Aber der Vater glaubte nicht an Gespenster und die alte Frau, die ihre Wäsche in der gleißenden Helle des Mondes wusch, glich auf seltsame Weise der Frau, die seine Großmutter gewesen war.

Das Kind ging also ganz arglos zu ihr hin, stellte seine Kanne auf einen flachen Stein und setzte sich auf einen anderen, um wieder zu Atem und zur Besinnung zu kommen. Fasziniert beobachtete es den schillernden Tanz der Seifenblasen, die bei jedem Schlag aufstoben und weich in der Luft umherwirbelten, bevor sie wie ebensoviele winzige Raketen, wie sie bei der Kirchweih abgefeuert werden, zerplatzten.

Die Frau hörte zu klopfen auf und betrachtete das Kind lange, dann sagte sie: »Wie heißt du, Kleiner?«

»In der Schule nennt man mich Karnickel, aber mein richtiger Name ist Fanch Caradec.«

»Karnickel«, lächelte die Alte... »Vor sehr langer Zeit kannte ich einen Caradec, den Großen Caradec. Caradec den Großen, der einer der drei tapferen Könige der Britischen Insel war, einer der drei wichtigsten Könige der Versammlung, einer der drei guten Angreifer, einer der drei Lieblinge und der drei Obersten der Alten am Hofe von Arthur. Jener Caradec fiel einem der drei verräterischen Anschläge zum Opfer, er war auch einer der drei Männer, deren Herz vor Kummer brach, aber bevor er starb, zeugte er aus seinen Lenden eine ganze Linie von Königen und Heiligen.«

»Warum brach sein Herz vor Kummer?«

»Wegen des dreimaligen Verrats.«

»Und wer hat ihn verraten?«

»Sein bester Freund natürlich. Man wird immer nur von den Seinen verraten.«

»Genauso wie an dem Tag, wo der Sohn des Mesners mich beim Schulmeister verpetzt hat, weil ich auf dem Hof bretonisch gesprochen habe. Er war mein bester Freund. Wie heißen Sie eigentlich? Sie ähneln meiner Großmutter, aber ich glaube, ich habe Sie noch nie im Dorf gesehen.«

»Früher nannte man mich Ahés...«

Die Alte schwieg plötzlich, als sei die Geschichte zu schwierig oder zu lang zum Erzählen.

»Ich verstehe«, antwortete das Kind. »Sie haben einen anderen Namen bekommen, als Sie geheiratet haben.«

Die Alte lächelte wieder, und das Wäscheklopfen ging hurtig weiter. Eine riesige Wolke, die vom Meer herkam, verdeckte teilweise das Gesicht des Mondes.

»Auf dem Mond gibt es einen Teufel«, behauptete das Kind, »wenn man gut hinschaut und gut aufpaßt, kann man seine Mistgabel und seinen Schwanz sehen.«

»Auf dem Mond gibt es einen großen Drachen«, erwiderte die Alte.

»Einen Drachen?«

»So etwas ähnliches wie ein Stier mit Flügeln, einem Pferdekopf, einer Schlangenzunge, vier Tatzen mit Krallen und einem Eidechsenschwanz.«

»O je! Fressen die Menschen, die Drachen?«

»Drachen fressen weder irgendwas noch irgendwen.«

»Auch keine Kaninchen?«

»Auch keine Kaninchen.«

»Und wovon leben sie?«

»Sie zehren von ihren Erinnerungen.«

»Aber früher haben sie doch gefressen, diese Drachen, nicht wahr?«

»Ja, vor sehr langer Zeit haben sie gefressen.«

»Was denn?«

»Die Leute, die an Drachen glaubten. Deshalb fressen sie heute nicht mehr. Niemand glaubt noch an Drachen. Niemand weiß mehr, was das ist.«

»Und da ist ihnen der Appetit vergangen«, folgerte das Kind. »Sie wissen viele Geschichten.«

»Kennst du die vom Fuchs und dem Kaninchen?«

»Nein.«

»Also gut, die geht so: Es war einmal ein kleines Kaninchen, das zwar vom Fuchs gehört, aber noch nie einen gesehen hatte. Eines Tages, als es tatsächlich einen traf, hielt es ihn für einen Hund, einen roten Hofhund, und es wußte sehr gut, daß Hofhunde keine Kaninchen fressen. Es ging also zum Fuchs und bat ihn, ihm eine Geschichte zu erzählen, und der Fuchs sagte:

›Es war einmal ein kleines Kaninchen, das zwar vom Fuchs gehört, aber noch nie einen gesehen hatte. Eines Tages, als es tatsächlich einen traf, hielt es ihn für einen Hund, einen roten Hofhund, und es wußte sehr gut, daß Hofhunde keine Kaninchen fressen. Es ging also zum Fuchs und bat ihn, ihm eine Geschichte zu erzählen, und der Fuchs sagte:

»Es war einmal ein kleines Kaninchen...‹«

»Aber die Geschichte dreht sich ja im Kreis!«

»Genau, und weil das so ist, war der Fuchs im magischen Kreis gefangen und konnte das Kaninchen nie fressen.«

Als sei er vom Mond angesogen, erhob sich ein leichter Nebel aus der Lache und verschleierte allmählich die Büschel der Binsen und Schilfrohre, bis er in den Dornen und Zweigen der Weiden hängenblieb und langsam die Umrisse der materiellen Welt verwischte: Die ganze Szene wurde binnen weniger Minuten in milchiges, unwirkliches Licht getaucht, ein Kind der Helligkeit, die vom Himmel gefallen war und des Dampfes, der von der Erde hochstieg.

»Kannst du beten, Kleiner?« fragte die alte Frau.

Das Kind nickte.

»Sag mir das Gebet von der Frau, ja?«

»Sie meinen ›Gegrüßet seist du, Maria...‹.«

»Ja, dieses.«

Mit steinernem Gesicht, wie ein Standbild, hörte die Frau das Gebet bis zum Ende an, ohne ein Wort zu sagen. Beim Amen bekreuzigte sie sich nicht.

Stille.

»Willst du mir helfen, meine Wäsche jetzt zu wringen?«

»Sicher werde ich Ihnen helfen«, antwortete das Kind und sprang auf.

Als die Wäsche fertig war, fragte die Frau:

»Du hast keine Angst, nicht wahr?«

»Doch, im Gegenteil, große Angst sogar! Das wird vielleicht was geben, wenn ich zu Hause ankomme! Meine Mutter mag nicht, daß ich zu lange draußen trödele, besonders abends, und ich habe bestimmt eine Stunde verloren, weil ich mit Ihnen geredet habe. Also, auf Wiedersehen, ich muß mich aufmachen.«

»Auf Wiedersehen, Kleiner. Du kannst deiner Mutter ausrichten, daß du von sehr weit her kommst.«

Das Kind mußte suchen, bis es seine Milchkanne wiederfand. Als es sich aufrichtete, hatten die Nebelschwaden die alte Frau fast ganz vor seinen Augen verschwinden lassen.

»Wie hast du lange gebraucht, bis du wieder hier bist!« sagte die Mutter, als es die Küche betrat. »Hat dich die Bäuerin so lange aufgehalten?«

»Nicht die Bäuerin. Es war eine Dame am Waschplatz, die meiner Großmutter ähnlich sah. Sie hat mich gebeten, ihr beim Wäscheauswinden zu helfen.«

»Und du hast ihr wirklich geholfen?« fragte die Mutter erbleichend.

»Warum hätte ich es nicht tun sollen?« antwortete das Kind. »Niemand kann ein Laken ganz allein auswringen.«

»Du bist sicher, daß du diese Geschichte nicht geträumt hast?«

»Ich habe überhaupt nichts geträumt, und weil wir gerade bei Geschichten sind, die Dame hat mir die vom Drachen erzählt (du weißt, was das ist, ein Drache, Mama?) und die vom kleinen Kaninchen, das der Fuchs nicht verschlingen konnte.« Gerade wie eine Eins stand das Kind da, wie ein Steinbild der Wahrheit, in unantastbarer Unschuld.

Die Mutter nickte. Sie nahm die Milchkanne an sich und hob den Deckel.

Aber die Kanne enthielt keine Milch mehr.

Sie war mit Blut gefüllt.

Die Geschichte einiger Heiliger

SANKT ARMEL (Namenstag: 16. August)
Armel – bretonisch: Arzel –, aus adliger Familie stammend, wurde um 482 in der Grafschaft Penhoen, was Rinder-Kap bedeutet, geboren. Sehr früh trat er ins Kloster ein, wo er seine Lehrer und Mitschüler durch seine demütige Haltung, die ihn keine noch so abscheuliche Arbeit scheuen ließ, durch sein eifriges Beten, seine Mäßigkeit, Bescheidenheit, Milde und Gutmütigkeit, durch seine Nächstenliebe und sein mitfühlendes Wesen, seine Keuschheit der Seele und des Fleisches, sein geduldiges Hinnehmen der Beleidigungen erfreute, wo er durch seinen unbedingten Gehorsam gegenüber den Vorgesetzten und seinen Respekt gegenüber den Alten gefiel... hoffentlich habe ich nichts vergessen.

Sobald dieser vortreffliche Notize seine Ausbildung beendet hatte, trat er als weltlicher Priester in den Dienst des Herrn. Bald darauf jedoch fand er ins Kloster zurück. In Begleitung anderer junger Leute setzte er dann übers Meer, um sich im armorikanischen Léon niederzulassen. Der Ort, wo er ein Bethaus und ein paar einfache Unterkünfte für seine Begleiter errichtete, wurde später Plouarzel – Siedlung des Arzel – genannt.

Als der Graf Konomor, der »bretonische Blaubart«, sich daran machte, das Léoner Land zu plündern, zu verwüsten und mit Mord zu übersäen, emigrierte Arzel nach Frankenreich, wo ihn der König Childebert mit allen Ehren empfing und sogar zu seinem Berater ernannte. In dieser Eigenschaft setzte sich Arzel sogleich dem tiefen Neid des übrigen Gefolges aus.

Sieben Jahre später kehrte Arzel – der unterdessen wieder in Armel umbenannt worden war –, ins armorikanische Land zurück, wo er sich an den Ufern der Seiche, nicht weit von Rennes, niederließ. Dort machte er den Wald urbar, brachte einen Gelähmten wieder auf die Beine, gab einem Blinden das Augenlicht zurück, reinigte eine Frau, die von einer starken Blutung heimgesucht worden war, machte Tiere wieder gesund und brachte neue Bäche zum Quellen. Dieser Wundertaten nicht genug, befreite er das Land von einem schlangenartigen Ungeheuer – manche sagen: ein Drache –, welches großen Schaden in der Gegend angerichtet hatte.

So also sah die Niederlassung des Christentums auf heidnischem Boden aus: die Mönche rodeten zuerst den Wald, um die Landwirtschaft einzuführen – tatsächlich aber wurde damit die Festung der Chimären des alten Glaubens dem Erdboden gleichgemacht. Das Schlangenungeheuer, das geflügelte Pferd, der Drachen wurden vom Schwein, von der Kuh und dem Huhn verdrängt, während sich anstelle des Waldes Karotten- und Rübensaat ausbreiteten. Der Bauer trat an die Stelle des Hirten: das Rind nahm das Einhorn auf die Hörner. Tod dem Drachen, es lebe das Schwein!

Der ungeheure Zustrom von Glaubensanhängern, die Armel durch seine unzähligen Wundertaten angezogen hatte, wurde ihm allmählich lästig, und er zog sich in den Wald von Brocéliande zurück, eine der letzten heidnischen Hochburgen im armorikanischen Land, wo später übrigens der Zauberer Merlin starb. Der Ort, an dem er eine Klostergemeinschaft ins Leben rief, trägt noch heute den Namen »Plou-Armel« – Ploërmel. Dies dürfte wohl auch der Ort gewesen sein, an dem im Gnadenjahre 552 der gute Hirte, der sein ganzes Leben lang den Wagen des Guten Säers mit Ach und Weh durch die von Götzen bevölkerten Wälder gezogen hatte, seine Seele entließ.

ST. BRENDAN

In Irland als Sohn eines berühmten Barden geboren, wird Brendan erst Mönch, dann Abt des Klosters Lancarvan in Wales. Gegen Mitte des VI. Jahrhunderts unternimmt er eine Reihe von Expeditionen im Atlantischen Ozean, um den christlichen Glauben zu verbreiten. In seinem Kloster Lancarvan wurde St. Malo einer seiner Schüler.

SANKT BRIEUC (Namenstag 1. Mai)

Ungefähr 417 Jahre nach der Geburt unseres Herrn erblickte Sankt Brieuc in Wales das Licht der Welt. Als er noch im Schoße seiner Mutter weilte, erschien seinen Eltern, die adelig und begütert, aber götzendienerisch waren, ein Engel, der sie aufforderte, das seiner Geburt harrende Kind Brieuc zu nennen. Auch versicherte er sie, daß dieses Kind der Liebe Gottes teilhaftig würde. So geschah es zwar, aber Vater und Mutter hielten trotzdem weiter am Glauben ihrer Vorfahren fest.

Unter solchen Auspizien geboren, mußte sich Brieuc natürlich als Musterkind zur höchsten Zufriedenheit seiner Eltern entwickeln... bis zu dem Tage allerdings, an dem seine Mutter unterm Einfluß des bereits vertrauten Engels den Wunsch verspürte, ihren Sohn zum Heiligen Germain, dem Bischof von Paris, zu schicken, damit er dort ebenso wohl in Sitte und christlichem Glauben als auch in Philosophie und Wissenschaft unterrichtet würde. Dieses Vorhaben stieß unweigerlich auf das Mißfallen des Herrn Papa, der nun gar nichts davon hielt, seinen Erben unter dem Einfluß der Kirchenmänner oder gar sich dem geistlichen Stand zuwenden zu sehen. Das brachte den Engel so sehr in Harnisch, daß er erneut auf den Plan trat, um den ungeheurigen Vater zu schelten. Er stieß so finstere Drohungen aus, daß der alte Edelmann eine heilige Schiß kriegte und sogleich davon abließ, sich dem Lauf der Vorsehung noch fürderhin widersetzen zu wollen.

Schließlich gelangte also der junge Brieuc in Paris an. Die weiße Taube, die geradewegs vom Himmel herabfliegend sich auf des Knaben Stirn niederließ, als er beim Heiligen Germain vorstellig wurde, enthüllte den Prälaten in aller Eindeutigkeit die Liebe des Herrn zu diesem Neuling.

Dasselbe Wunder geschah, als Brieuc sein Noviziat beendet hatte und vom Bischof höchstpersönlich zum Priester ernannt wurde – allerdings handelte es sich dieses Mal um einen Feuervogel!

Der frisch gebackene Geistliche kehrte darauf in seine Heimat jenseits des Meeres zurück. Zur Feier seiner Ankunft rückte er ein Bein zurecht, welches sich ein armer Teufel im Rausch gebrochen hatte. Außerdem heilte er einen in Raserei Geratenen, indem er ihm die Finger tief in den Mund steckte. Dieses zweifache Zeichen überzeugte die Eltern des Wunderkindes, so daß sie von ihren Götzen abließen und sich dem wahren Glauben zuwandten.

Brieuc machte sich nun daran, überall im Land Kreuze aufzustellen. Er ließ Kirchen und Klöster bauen und lehrte die Ordensbrüder im Geiste der Regel, die er vom Heiligen Germain empfangen hatte. Fünfzehn Jahre später befahl ihm der Engel, der ihm offenbar ein für allemal zum Schutze beigegeben war, erneut übers Meer zu setzen, um das Evangelium nach Armorika zu bringen. Nach einer von furchtbaren Unwettern begleiteten Überfahrt, bei der wohl der Teufel höchstpersönlich im Spiel gewesen sein mußte, ging Brieuc in Trégor an der Mündung des Léguer an Land. An diesem Ort errichtete er ein Kloster. Dann rodete er einen ganzen Wald, und die Stadt, die an dieser Stelle entstand, trägt seinen Namen.

Hier geschah es auch, daß Brieuc, mittlerweile zum Bischof ernannt, sich eines Tages in seinem neunzigsten Lebensjahr zum letzten Mal auf seiner armseligen Bettstatt niederlegte, um seine gottgefällige Seele in des Schöpfers Hände zurückzugeben. Da wurde einer seiner Mönche einer Leiter gewahr, die wunderbarerweise von der Erde bis zum Himmel reichte und auf der die Seele des Heiligen inmitten einer Engelschar emporstieg. Es wird berichtet, daß sie ein so »liebliches Motett sangen, daß er davon ganz bezaubert und entzückt war«.

BROCÉLIANDE
Der heilige Wald der Druiden in der Bretagne: heute nennt man ihn »Wald von Paimpont«.

SANKT CORENTIN (Namenstag: 12. Dezember)
Der heilige Corentin, Bretone aus Cornouaille, wurde um 375, das heißt vor der Ankunft der Bretonen in Armorika, als Sohn christlicher Eltern geboren.

Auf der Flucht vor der Welt zog er sich in die Waldeseinsamkeit unweit von Plomodiern zurück, wo er sich dem Gebet, der Meditation und der Lobpreisung unseres Schöpfers hingab, und während er sein Fleisch kasteite, war er von der Gnade des Allmächtigen erfüllt. Corentin ernährte sich ausschließlich von grobem Brot, welches er in der Gegend erbettelte, sowie von Kräutern und Wurzeln... bis zu dem Tag, da der Herr sich seiner erbarmte und ihm ein Fischlein in den Brunnen schickte, aus dem Corentin seinen Durst zu löschen pflegte. Tag für Tag nun zwackte dieser dem Fisch ein Rükkenstück für seine Mahlzeit ab. Denn sobald er das Tier ins

Quellwasser zurücktat, nahm es wunderbarerweise wieder vollkommene Gestalt an.

Nun geschah es eines Tages, daß König Gradlon, der Herrscher über Cornouaille, sich in dem von Corentin bewohnten Wald verirrte, nachdem er dort den ganzen Tag dem Jagdvergnügen nachgegangen war. Völlig ausgehungert und todmüde entdeckten Gradlon und seine Leute schließlich die Bleibe des fischessenden Heiligen und klagten ihm ihr Hungerleid. Sogleich eilte der Klausner zum Brunnen, um ein kleines Stück Fleisch dem Rücken seines zutraulichen Fisches zu entnehmen, den er daraufhin wieder in sein Element entließ. Jeder kann sich wohl vorstellen, wie der Oberkoch des Königs den Waldmenschen empfangen haben mag, als dieser ihm das lächerliche Fleischportiönchen reichte und obendrein noch behauptete, das könne den Hunger des Königs und seines Gefolges stillen. Von Corentin bedrängt, ließ sich der Küchenmeister endlich dazu überreden, diese Lüge von Fischzug einer Vorbereitung zu unterziehen. Und siehe da, der winzige Happen wurde größer und größer, bis er dem Hunger des Königs und seines Gefolges gewachsen war. Der König, ganz erfüllt von diesem Wunder, warf sich seinem Gastgeber zu Füßen, dem er aus Dankbarkeit gleich den ganzen Wald und seine nicht weit entfernt liegende Villa zum Geschenk machte. Corentin wandelte dieses Haus in ein Kloster um und nahm darin viele Ordensbrüder auf, sowie die Sprößlinge adliger Familien dieses Landes, um sie auf dem rechten Pfad des wahren Glaubens zu erziehen und zu belehren. Unter seinen Schülern waren Guénolé, Tanguy und Jacut, welche nach ihrem Tode zu den bretonischen Seligen gehörten.

König Gradlon machte Corentin, mit dem er unterdessen gut Freund geworden war, zum Bischof von Cornouaille und überließ ihm die Hauptstadt Quimper, während er selbst sich an der Küste in der Stadt Is, von der wir später noch hören werden, niederließ.

Im Gnadenjahr 401 entschlief Corentin in der Stadt Quimper, deren Eponym er geworden ist. Die unzähligen Wunder, die sich zutrugen, während Corentin in die Erde gesenkt wurde, konnten die Glaubensbrüder nur noch in ihrer Überzeugung bestätigen, daß der Heilige Prälat von nun an im Paradiese und zur Rechten Unseres Herrn throne.

ST. EFFLAM

Als Sohn eines Königs in Irland geboren, ist Efflam von Jugend an ein sehr frommer Mensch. In der Hochzeitsnacht mahnt er seine Frau, die »Blüte ihrer Unschuld« zu bewahren und, auf eheliche Freuden und höfische Vergnügungen verzichtend, begibt er sich nach Armorika. Dort hilft er seinem Verwandten, König Artus, einen furchtbaren Drachen zu besiegen; dann läßt er eine Quelle entspringen, um des Fürsten Durst zu stillen. Unweit von diesem Ort gründet er ein Kloster, dessen Mönche jeden Sonntag, Dienstag, Donnerstag und Samstag von einem Engel ernährt werden. Seine Frau folgt ihm dorthin, und beide sterben nach einem frommen Leben zur gleichen Zeit.

SANKT GILDAS

Gildas wurde um die Mitte des 5. Jahrhunderts in Cornwall als Kind adliger und begüterter Eltern geboren. Sobald er sprechen konnte, wurde er ins Kloster Sankt Idult geschickt. Dort trat er mit 15 Jahren in den Mönchsstand. Er war von äußerst genügsamem Wesen und enthielt sich jedes betäubenden Getränks, was ihm den Beinamen »Wassertrinker« einbrachte. Nachdem er in den Ordensstand eingetreten war, begab er sich nach Irland, wo er mehrere Klöster und Kollegien erbauen ließ. Sodann schiffte er sich nach Armorika ein, wo er im Mündungsgebiet des Blavet an Land ging. Mit Hilfe der dort ansässigen Heiden baute er ein Kloster, woselbst der Wassertrinker eines schönen Tages mehrere Fässer klaren Wassers in Wein verwandelte, um die vorbeikommenden Gäste würdig bewirten zu können.

Vier als Mönche verkleideten bösen Geistern war es gelungen, Gildas dazu zu überreden, sich mit ihnen nach Irland einzuschiffen. Als sie sich auf hoher See befanden, kam es Gildas plötzlich in den Sinn, einen Gesang zum Lobe Gottes anzustimmen, was die drei falschen Brüder spurlos in die Flucht schlug. Aber mit ihnen verschwand auch das Boot, welches sie alle getragen hatte. Doch konnte das den frommen Mann nicht aus der Fassung bringen. Er befahl seine Seele dem Herrn, entledigte sich seiner Kleider, um Mantel und Kutte als Segel zu verwenden, während ihm sein Pilgerstab als Mast diente. So setzte er unerschütterlich seine Reise durch die Fluten fort und gelangte unversehrt an Irlands Küste. Doch blieb unser Wassertrinker nicht lange, da er, das Meer in umgekehrter Richtung überquerend, zu seinem Kloster am Blavet zurückkehren wollte, wo er denn auch von seinen hocherfreuten Mönchen mit großem Jubel empfangen wurde.

Zu jener Zeit richtete in Cornwall ein äußerst bösartiger Lehnsherr großen Schaden an. Er hieß Konomor und hatte schon fünf Ehefrauen in den Tod befördert: die erste mit Gift, die zweite am Strick, die dritte durchs Feuer, die vierte durch den Stock und die letzte, indem er ein Pferd auf ihr herumreiten ließ. In sechster Ehe nun hatte er eine Frau namens Triphyne, Tochter des Grafen von Vannes, geehelicht. Dieser Schuft von Ehemann – von dem der Chronist Albert le Grand uns berichtet, daß er »die heilige Ehe eher dazu mißbrauchte, um seine fleischliche Wollust zu stillen und um seine Schweinereien erledigen zu können, als daß sie dem Wunsch nach Nachkommenschaft diente« – dieser Schuft also wurde auch seiner letzten Gemahlin bald überdrüssig und schnitt ihr kurzerhand die Kehle durch, als er erfuhr, daß sie ein Kind erwartete. Aber da tauchte im rechten Moment Gildas auf, der Mann Gottes, der die Unglückliche sogleich wieder herstellte und sie anschließend in einem Kloster verbarg. Der Vater der so wundersam Geretteten machte daraufhin dem Wohltäter aus lauter Dankbarkeit das Kloster Rhuys auf der gleichnamigen Halbinsel – ein Land, wo Milch und Honig fließt – zum Geschenk.

So vergingen die Jahre reichlich mit Wundern des Heiligen gesegnet. Als er sein Ende herannahen fühlte, zog er sich in Begleitung von zwei oder drei Mönchen auf die Insel Houet zurück, wo er seine Seele schließlich seinem Schöpfer empfahl.

Den Anweisungen gemäß, die er seinen Ordensbrüdern gegeben hatte, wurde sein Leichnam in ein kleines Boot gelegt, welches man dann auf die See hinaustrieb. Es war nämlich ein Streit zwischen den Ordensbrüdern von Cornwall und denen von Rhuys darum entstanden, bei wem wohl die sterbliche Hülle des gerade im Geruch der Heiligkeit Entschlafenen ruhen sollte. Der Nachen, der ihn trug, sank nun ganz langsam auf den Meeresgrund. Überzeugt davon, daß sie nie mehr der Reliquien des seligen Mannes habhaft werden könnten, kehrten die Leute von Cornouaille enttäuscht nach Hause zurück. Einige Zeit darauf aber wurde bei Ebbe an der Küste von Rhuys das wunderbarerweise unbeschädigt gebliebene Boot, das als Schrein gedient hatte, gefunden. Auf diese Weise bekundete die sterbliche Hülle unseres Wassertrinkers eindeutig seinen Willen, an diesem und keinem anderen Ort begraben zu werden.

SANKT GUÉNOLÉ (Namenstag: 3. März)
Dem Mönch Wrdistan zufolge »übte der König Gradlon aus Cornouaille von Anfang an unerbittlich seine Herrschaft aus. Aber nachdem er die Lehren des Guénolé genossen und dessen Segen empfangen hatte, wurde er milder und regierte fromm sein irdisches Königreich.«

Das Jahrhundert – das 4., 5. oder 6.? –, in dem dieser Monarch und der Heilige gelebt haben, kann nicht mit Sicherheit angegeben werden. Bruder Albert le Grand schreibt Guénolé folgende Eltern zu: sein Vater soll der Prinz Fragan, Neffe des armorikanischen Königs Conan Mériadec, gewesen sein, und seine Mutter die reiche adlige Herrin Gwenn, deren Name die »Weiße« bedeutet.

Der in Léon geborene Guénolé – das heißt auf bretonisch: Gwenn oll e, »er ist ganz weiß« – weigerte sich mit zwölf Jahren, in Waffendienste zu treten. Nicht ohne Schwierigkeiten gelang es ihm schließlich, seinen Vater dazu zu überreden, ihn dem Heiligen Corentin anzuvertrauen, der in Plomodiern ein Haus gegründet hatte, wo er die Söhne aus adligen Familien unterrichtete.

Nachdem Guénolé die Ordensweihe erhalten hatte, wirkte er Wunder über Wunder: zum Beispiel begab er sich von der Insel Sein zu Fuß die Fluten überquerend zum Festland. Dieses und andere Wunder veranlaßten den Heiligen Corentin, ihm die Leitung der Abtei von Landévennec zu übertragen, welche Gradlon an den Ufern des Erlenflusses hatte errichten lassen. Es dauerte nicht lange, und Guénolé wurde der Vertraute und Berater des Monarchen, der unterdessen seine Hauptstadt Quimper dem Heiligen Corentin geschenkt hatte, um sich selbst in Ker-Is – die »Niederstadt« – an der Küste einzurichten.

Nun geschah es, daß die Bewohner von Ker-Is, indem sie

dem ruchlosen Beispiel der Ahez – andere nennen sie Dahut –, der schamlosen Tochter des Gradlon folgten, sich ungeheurer Sünden und Ausschweifungen schuldig machten. Es dauerte nicht lange, und dieses neue Sodom zog den Zorn des Allmächtigen auf sich. Dahut verliebte sich hoffnungslos in eine als Edelmann verkleidete Ausgeburt des Teufels, welcher es eines Tages gelang, ihr die Schlüssel zu entwenden, mit denen er dann die Schleusen im Damm öffnen sollte, der die »Niederstadt« vor den Fluten schützte.

Guénolé, den die himmlische Vorsehung vom Schicksal, das dieser Hochburg des Lasters drohte, unterrichtet hatte, konnte den König rechtzeitig warnen. Diesem gelang es, zu Pferd aufs Festland zu entkommen, während die Stadt und ihre Einwohner samt der Prinzessin Dahut auf immer in den Fluten verschwanden.

Im vierundsechzigsten Lebensjahr hatte Guénolé keinen anderen Wunsch mehr, als daß sich seine Seele vom Körper löse. Und siehe, da erschien, während er die Heilige Messe las, eine Schar von Engeln, die ihn zum Schoße des Herrn emporhob.

Obgleich er von seinem irdischen Regenten geliebt und verehrt wurde, erwies sich Guénolé doch sein Leben lang als so bescheiden, wie es das Evangelium vorgibt. Und mit derselben Ergebenheit lächelt er wohl noch heute, zur Rechten seines Schöpfers sitzend, vom Himmel herab über das letzte Mißgeschick seines Namens im Frankenland, wo »Guignolet«[1] daraus geworden ist.

1 Guignolet heißt eine Sorte Kirschlikör.

SANKT HERVÉ (Namenstag: 17. Juni)
Der aus Britannien gebürtige christliche Barde Houvarnion, der spätere Vater von Hervé, überquerte eines Tages das Meer, um sich dem Frankenkönig Childebert, Sohn des Chlodewig, vorzustellen. Childebert, ein liberaler und großer Herrscher, empfing den weit gereisten Sänger mit allen Ehren und bestellte ihn sogar an seinen Hof, so sehr erfreuten ihn die Balladen des Fremdlings. Nachdem er dort vier Jahre zugebracht hatte, erhielt der Dichter vom König die Erlaubnis, in seine Heimat zurückzukehren. Seine Reise führte ihn durch Armorika, und dort erschien ihm ein Engel, der ihm anzeigte, er solle eine Jungfrau dieses Landes namens Rivannone zur Frau nehmen, auch werde er mit ihr einen Sohn zeugen, der ein großer Heiliger und Gottesdiener werden würde.

Und so geschah es.

Im Jahr darauf brachte Rivannone tatsächlich einen Sohn auf die Welt, blind von Geburt an, der den Namen Hervé erhielt. Der Knabe, der früh seinen Vater verlor, wußte schon mit sieben Jahren sein Psalmenbuch auswendig, sowie die geläufigsten Gesänge seines Breviers.

Eines Tages nieste das Kind so heftig, daß ihm dabei ein Milchzahn ausfiel, welchen es in eine Felsspalte steckte, wo er wie ein Feuerscheit zu leuchten begann und bis zum Himmel strahlte... ein wahrhaft blendender Beweis der besonderen Zuneigung, die der Allmächtige bereits für diesen Knaben empfand.

Nach sieben Schuljahren trat der kleine Hervé in das vom Bruder seiner Mutter geführte Kloster ein, wo er in Beten und Feldarbeit aufging. Als eines Tages ein Wolf den einzigen Esel, den das Kloster besaß, verschlang, machte der Blinde sich ans Beten und Flehen, der Herr möge doch der Gemeinschaft aus der Patsche helfen. Und siehe da, das schon bekannte wilde Tier kam herbeigeeilt und lebte von nun an aufs Friedlichste von der Welt mit den Schafen der Mönche zusammen und diente zudem als Arbeitstier, um den Wagen zu ziehen oder Lasten zu tragen.

Im Anschluß daran unternahm der Blinde viele Reisen hierhin und dorthin, wobei er sich reich an Wundertaten zeigte. Erwähnt sei vor allem jene mit den Fröschen, die ihm mit ihrem Gequake unerträglich in den Ohren lagen: er brachte sie alle zum Schweigen – bis auf einen, welchen er den Ruhm des Schöpfers nach Herzenslust quaken ließ.

Nachdem er Abt von Lanhouarneau geworden war, reiste Hervé in Begleitung des Bischofs von Léon erneut durchs Land. Da geschah es plötzlich, daß sich vor ihnen der Himmel auftat, so daß ihnen mit einem Mal die ganze englische Schar und Ordnung, die Patriarchen, Propheten, Apostel, Märtyrer, Bekenner und Jungfrauen – kurz, der ganze himmlische Hofstaat offenbar wurde. Und unter der Leitung eines Engels konnte der Blinde einen jeden bei seinem Namen nennen.

Am Lebensabend angelangt, entschlief in seinem Kloster von Lanhouarneau der Blinde, der das Licht brachte, um fürderhin im Paradies das Angesicht Unseres Herrn zu schauen.

SANKT MALO (Namenstag: 15. November)
Guent, ein reicher Lehnsherr aus Britannien, und seine Gemahlin Darval waren bereits in dem Alter, wo sie nicht mehr hoffen konnten, noch ein Kind zu zeugen. Aber da hatte der Herrgott Erbarmen mit ihnen, und die damals 67 Jahre zählende Frau gebar im Jahre des Herrn 502 einen Sohn, der vom Heiligen Brendan persönlich auf den Namen Malo getauft wurde. Mit zwölf Jahren trat Malo ins Kloster seines berühmten Paten ein und zeichnete sich dort vor allem durch seinen Beteifer und Studierfleiß aus.

Nun geschah es eines Nachmittags, an dem die Schüler von ihren Pflichten befreit waren, daß der Knabe so fest auf einem Tanghaufen einschlief, daß er gar nicht merkte, wie das Meer mit der Flut langsam stieg und ihn im Schlaf zu überschwemmen drohte, während seine Kameraden, die ihn ganz vergessen hatten, längst ins Kloster zurückgekehrt waren. Zum Erstaunen aller jedoch wurde am nächsten Morgen unser Mönchlein wunderbarerweise auf seiner Tanginsel im Wasser dahintreibend und das Lob des Herrn aus vollem Halse singend wiedergefunden. Von diesem Augenblick an war es offensichtlich, daß die göttliche Vorsehung dem kleinen Mönch ihr Siegel auf die Stirn gedrückt hatte.

Eines Tages – Malo trug bereits die Mönchskutte – machte er sich zusammen mit dem Heiligen Brendan und anderen Ordensbrüdern zu den Inseln der Seligen auf. Am Ostersonntag kamen sie an eine Insel, auf der sie das heilige Meßamt zu versehen beschlossen. Mitten in ihrem frommen Geschäft aber fing besagte Insel heftig zu zittern, ja zu hüpfen an und versetzte die Gläubigen in eine panische Angst. Der unerschütterliche Malo aber brachte die Messe zu einem guten Ende. Nun, als sie alle wieder den sicheren Schiffsboden unter den Füßen spürten, entpuppte sich, was sie für eine Insel gehalten hatten, als ein ungeheurer Wal, etwa dem großen Leviathan vergleichbar, welcher die Sintflut überlebt haben mußte und wohl bis ans Ende aller Zeiten dauern wird.

Ins Kloster zurückgekehrt, wurde Malo alsbald von einem Engel heimgesucht, der ihn zur Überquerung des Ärmelkanals anstiftete. Wie ihm geheißen, suchte Malo die an der armorikanischen Küste gelegene Insel Aaron und dann die Stadt Aleth an der Mündung der Rance auf. Nachdem er dort einen Toten, den nur noch seine Beerdigung erwartete, wieder zum Leben erweckt hatte, wurde ihm ein Kloster unweit der Stadt geschenkt, wo er viele Ordensbrüder um sich versammelte. Mit 39 Jahren wurde Malo Bischof von Aleth. Von den zahllosen Wundern, die er bewirkte, seien nur folgende erwähnt: seinen Bäckermeister rettete er aus den Fluten, aus einem Wolf machte er ein Arbeitstier, und schließlich belebte er eine Sau wieder, indem er ihr einen Stock ins Ohr stieß... denn Malo fürchtete keine Verschwendung der Gaben, mit denen ihn der Herrgott so reichlich bedacht hatte.

Unterdessen aber brachte der Teufel das Volk so feindselig gegen den Bischof auf, daß dieser, höchst unzufrieden, sich gezwungen sah, auf seine Diözese den Bannfluch zu schleudern, während er selbst sich nach La Rochelle einschiffte und sich in Saintonge im Frankenreich niederließ. Als er jedoch erfuhr, daß die Einwohner von Aleth gar sehr unter Hungersnot und Pest zu leiden hatten, wurde Malo vom Mitleid für seine ehemaligen Schäfchen ergriffen. Kurzfristig begab er sich an Ort und Stelle, wo die Pest sofort verschwand und sich Lebensmittel wieder in Überfülle einstellten. Zurück in Saintonge kehrte er der Welt endgültig den Rücken, um nur noch zu beten. Er verschied im 110. Lebensjahr. Aber während seine Seele im Schoße des Herrn ihren Frieden fand, war seiner sterblichen Hülle ein anderes Los beschieden. Der Leichnam war zunächst am Ort des Verscheidens begraben worden, von wo ihn ein bretonischer Edelmann entwendete. Dann teilten ihn sich die Kathedrale von Aleth und die Abtei von Saint Vincent auf der Insel Aaron. Von da aus wurde er 975 nach Paris gebracht, zunächst in die königliche Kapelle von Saint-Michel-du-Palais, dann in die Abtei von Saint-Magloire, um schließlich in der Kirche St-Jacques-du-Haut-Pas zur Ruhe zu kommen. Wer weiß, vielleicht ist diese Irrfahrt als die Buße post mortem eines Heiligen anzusehen, der, um sich im Frankenreich niederzulassen, sich des Verlassens seiner bretonischen Gemeinde schuldig gemacht hatte... Wie dem auch sei, die Bretagne hat ihm das nicht weiter nachgetragen, denn die Stadt Aleth heißt heute Saint-Malo.

MORGANA
Etymologisch: »die Meergeborene« (vgl. Aphrodite, »die Schaumgeborene«). Als Fee und Vogelfrau kann Morgana nicht nur ihr eigenes Äußeres, sondern auch das der anderen verwandeln. Sie ist eine der drei Frauen, die der König Artus geliebt hat. Als Königin und Hohepriesterin der sagenumwobenen Insel Avalon, der »Apfelinsel« (»aval« ist das bretonische Wort für Apfel) nahm sie dort den König Artus nach seinem Tod auf. Einer bretonischen Legende nach ist Artus übrigens nicht tot; er erwartet auf der Insel Avalon den Tag, an dem er auf die Erde zurückkehren wird, um die keltischen Völker zu befreien. Man beachte die Ähnlichkeit mit der deutschen Barbarossa-Sage.

SANKT POL DE LEON (Namenstag: 12. März)
Pol Aurélien wurde im Jahre 480 oder 492 geboren. Wie der Heilige Armel stammte er aus der Provinz Penhoen, was Rinder-Kap heißt. Wie der Heilige Guénolé weigerte er sich, in den Waffenstand zu treten und entschied sich für das Mönchsdasein. Und wie der Heilige Gildas schließlich bekam er seiner Enthaltsamkeit wegen den Beinamen »der Wassertrinker«. Als Pol fünfzehn Jahre alt war, gründete er mit zwölf Ordensbrüdern an einem entlegenen und einsamen Ort ein kleines Kloster, wo er ein vorbildliches Leben führte. Dieses Rufes wegen suchte ihn eines Tages auch der König Marc'h, der Gatte Isoldens, mit seinem ganzen Hofstaat auf, um sich katechisieren zu lassen. Nachdem er zum rechten Glauben bekehrt worden war, bot er dem Apostel den Bi-

schofssitz in der Hauptstadt an. Pol aber lehnte unterm Einfluß eines Engels diese Ehre ab und schiffte sich vielmehr mit seinen zwölf Brüdern ein, um den Kanal zu überqueren. Er ließ sich zunächst auf der Insel Ouessant gegenüber von Léon nieder, bis ihm ein neuer Engel – oder war's derselbe? – erschien und ihm befahl, seine Zelte wieder abzubrechen. Daraufhin ließen sie sich unweit von der Insel Batz nieder, wo Pol nichts Eiligeres zu tun hatte, als drei Blinde sehend und drei Stumme sprechend zu machen. Damit nicht zufrieden, kam er den inständigen Bitten des Grafen von Léon nach und befreite das Land von einem schrecklich bösartigen Drachenungeheuer. Aus Dankbarkeit verlegte der Graf seinen Hof nach Occismor und schenkte dem braven Pol sein Schloß auf der Insel Batz.

Auch schickte der Graf seinen tüchtigen Gottesmann nach Paris, wo er in Gegenwart der Könige Childebert vom Frankenreich und Juduval von Armorika zum Bischof von Occismor geweiht wurde.

Wieder in Armorika, machte Pol zunächst mit einem neuen Drachenungeheuer kurzen Prozeß und befreite noch einen Lehnsherrn aus der Gegend von einem bösen Geist, bevor er seinen Bischofssitz einnahm.

Nun lebte Pol bald in Occismor, bald in seinem Kloster auf Batz, bis er sich schließlich ganz von der Welt in den Kreis seiner Mönche zurückzog. Dort starb er dann im Alter von 102 Jahren in einem solchen Zustand der Hinfälligkeit, daß ihm nichts als die Haut auf den Knochen geblieben war.

Nun geschah es, daß am Tage der Sarglegung ein großer Streit und Aufruhr unter den Glaubensbrüdern von Batz und dem Klerus von Occismor, der gerade auf der Insel angekommen war, entstand. Jede der beiden Parteien machte die triftigeren Gründe geltend, um diesen an Wundertaten so reichen

Heiligen für sich beanspruchen zu können. Da ließ der neue Bischof von Occismor den Leichnam auf zwei mit einer Plane bedeckte Wagen laden: zur Hälfte auf den einen, zur Hälfte auf den anderen. Die Entscheidung sollte durch die beiden vorgespannten Ochsen fallen, indem der eine zum Kloster, der andere zum Meer hin zöge. Und siehe da, sobald die beiden Ochsen sich in Bewegung setzten, lösten sich des Heiligen sterbliche Überreste wunderbarerweise in Nichts auf. Erst als der Wagen auf jenem Schiff, welches die Leute vom Festland zurückbringen sollte, ankam, fand sich der verblichene Heilige wieder, der auf diese Weise eindeutig den Ort seiner Grabstätte angezeigt hatte.

Wie der Name des Heiligen Corentin zum Eponym der Stadt Quimper geworden ist, so wurde der Stadt Occismor der Name des Heiligen Pol beigegeben: sie heißt heute St.-Pol-de-Léon.

SANKT RONAN (Namenstag: 1. Juni)
Im Gegensatz zur Mehrzahl seiner heiligen Kollegen, die in Armorika ihre Spuren hinterlassen haben, stammte der im 4. Jahrhundert in Irland geborene Ronan nicht aus einer hochangesehenen Familie. Noch dazu hingen seine Eltern dem Götzenglauben an. Nachdem er die weltlichen Wissenschaften studiert hatte, ging er nach Britannien, wo er sich zum Christentum bekehrte, bald Priester wurde und sich anschließend nach Armorika einschiffte. Er ging an der Küste von Léon an Land, und sobald er sich an einem einsamen und verborgenen Ort eine Hütte errichtet hatte, machte er sich ans Vollbringen zahlreicher Wundertaten, womit er eine stets wachsende Zahl an Körper oder Geist Erkrankter anzog.

Als ihm die in Scharen einfallenden Pilger allmählich zur Last wurden, begab er sich erneut auf Wanderschaft. Er ließ sich unweit von Quimper im Wald von Nevet nieder. Aber auch hier mußte er wieder Wunder tun, und zwar so viele und außergewöhnliche, daß er beim König Gradlon von Neidlingen wegen Zauberei, Totenbeschwörung und Lykanthropie angeklagt wurde. Auch machten sie ihn für den Tod des Kindes einer Frau namens Kébenn verantwortlich. Als er nun vor den König geführt wurde, konnte er seine Unschuld offensichtlich machen, indem er das Kind, dessen Tod ihm zur Last gelegt wurde, im Namen Jesu Christu wieder zum Leben erweckte.

Ronan kehrte daraufhin in seine Einsiedelei zurück, wo er – wie konnte es anders sein – erneut Wunder über Wunder tat, und die Pilger wieder zu ihm strömten... bis zu dem Tag, an dem er ein letztes Mal emigrierte, um sich in Ilion in der Gegend von Trégor niederzulassen, wo er dann auch nach einem langen verdienstvollen Leben die ewige Ruhe fand.

Auf einem Ochsenkarren wurde der Leichnam des Heiligen zur Einsiedlerhütte im Wald von Nevet zurückgebracht, dort wo sich heute die Stadt Locronan befindet. Kurz vor seinem Ziel kam der Trauerzug mit dem Ochsengespann, das den Sarg zog, an einer Waschstelle vorbei, wo die böse Kébenn, die einst den Ronan für den Tod ihres Kindes verantwortlich gemacht hatte, beschäftigt war. Als die unbelehrbare, noch immer rachsüchtige Megäre des Ochsengespanns mit dem Sarg ansichtig wurde, begann sie derart mit ihrem Wäschebleuel um sich zu schlagen, daß sie einem der armen Wiederkäuer das Horn abschlug. Dazu schrie sie und schändete mit üblen Beleidigungen das Ansehen des Verstorbenen. In dem Augenblick aber, da sie ihn sogar beschuldigte, eines heiligen Karfreitags Blutwurst genossen zu haben, da öffnete sich die Erde um einen Spalt unmittelbar unter ihr und verschlang die Abscheuliche in einem Wirbel aus Feuer und

Rauch. Auch heute noch wird alle sechs Jahre in Locronan das Andenken des Seligen mit der Pilgerfahrt der Grande Troménie gefeiert.

SANKT TUGDUAL ODER PABU (Namenstag: 30. November) Tugdual erblickte gegen Ende des 5. Jahrhunderts in Britannien das Licht der Welt. Während über seinen Vater nichts bekannt ist, wird von seiner Mutter berichtet, daß sie von hoher Geburt gewesen und von Volkes Stimme unter dem Namen Heilige Copaja – ihre Schwester übrigens als Heilige Soeve – selig gesprochen worden sei. – Nachdem er seine Ausbildung abgeschlossen hatte, trat der junge Mann ins Kloster ein, welches er später als Abt leitete, bis ihm eines Tages ein Engel befahl, auf schnellstem Wege nach Armorika zu reisen.

In Begleitung von 72 weiteren Personen, darunter seine Mutter und deren Schwester, bestieg Tugdual das Schiff, welches dann vor Conquet an der Küste von Léon anlegte. Kaum waren die Passagiere an Land gegangen, da verschwand das Schiff samt seiner Besatzung spurlos auf wunderbare Weise und zum großen Erstaunen der Anwesenden.

Tugdual wurde vom ortsansässigen Lehnsherrn freundlich empfangen. Er errichtete zunächst an dem später Trépabu genannten Ort ein kleines Kloster, dann ein etwas größeres in Tréguier, um die wachsende Zahl von Glaubensbrüdern beherbergen zu können, die alle vom Duft seiner Tugend und dem Ruf der durch ihn bewirkten Zeichen angelockt worden waren: massenweise ließ der Abt Taube, Blinde, Lahme und Gelähmte genesen, er machte neue Quellen fließen, und selbstverständlich befreite er auch das Land vom unvermeidlichen sagenhaften Drachen. Bis hierher vielleicht hat diese Laufbahn im Vergleich zu der seiner heiligen Kollegen in Armorika nichts Besonderes aufzuweisen... Nur Geduld. Bald werden die Dinge eine so wunderbare Wendung nehmen, daß dem frommen Mann die Vorrangstellung unter allen bretonischen Heiligen sicher ist.

Tugdual, der inzwischen Bischof von Lexobie – eine unweit von Tréguier gelegene und heute verschwundene Stadt – geworden war, regierte seine Diözese weise. Doch der Feind des Menschengeschlechts brachte eine stets wachsende Zahl von Schäfchen gegen den guten Hirten auf. Da entschloß sich der angesichts von so viel Undankbarkeit allen Mutes beraubte Bischof, nach Rom zu pilgern. Seinen Weg mit Wundern übersäend kam er schließlich in der Ewigen Stadt an. Unterdessen aber wütete in der Diözese von Trégor der himmlische Zorn dergestalt, daß dort eine große Hungersnot ausbrach, und der Boden wie die Frauen aufhörten fruchtbar zu sein.

Nach zwei Jahren erschien dem Tugdual dann ein Engel, der ihn vor die Tore der Hauptstadt des Christentums führte. Dort setzte er ihn auf ein weißes Pferd, und Tugdual gelangte durch die Lüfte bis zu seinem Kloster in Tréguier. Kaum hatte er die Füße auf den Boden gesetzt, nahmen Hungersnot und Unfruchtbarkeit ihr Ende.

In fortgeschrittenem Alter starb Tugdual umgeben vom Geruch der Heiligkeit, während ihn die Klänge einer himmlischen Musik ins Paradies geleiteten. Nun gab es freilich einen großen Streit darum, wer die Nachfolge des Bischofssitzes in Lexobie antreten solle. Die Rangelei war noch im Gange, als es plötzlich strahlend hell wurde: der Selige erschien mit der Mitra und dem bischöflichen Gewand angetan, um höchstpersönlich seinen Nachfolger anzuzeigen.

Zweifellos gab die Reise nach Rom Anlaß dazu, daß der Volksmund den Heiligen Tugdual gleich zum Pontifex Maximus erhob, indem man ihm den Beinamen »Pabu« – vom bretonischen Wort »pap« abgeleitet – gab. Wie dem auch sei, es gilt die alte Volksweisheit: Der Heilige Tugdual thront über allen Seligen, und wenn er nicht Gottvater ist, dann nur, weil *er* es nicht gewollt hat.

SANKT URSULA (Namenstag: 21. Oktober)
Ursula, im Jahre 337 in Britannien geboren, war die Tochter des schottischen Königs Dionotus Maurus. Sie stammte also aus adliger und begüterter Familie. Sie war schön, von majestätischem Wuchs und würdiger Haltung. Ihre Seele war mit den edelsten Tugenden ausgestattet und erfreute durch die seltensten Eigenschaften. Mit der größten Sorgfalt wurde sie im christlichen Glauben erzogen, und man ließ sie Griechisch und Latein, Philosophie und andere Wissenschaften studieren. Die Herrscher der benachbarten Länder und des Festlandes warben eifersüchtig um die Hand dieses seltenen Wesens. Der trefflichen Darstellung des Bruders Albert le Grand zufolge, war Ursula aber »fest entschlossen, sich keinem anderen Gemahl als dem Himmlischen anzutrauen, und ihm hatte sie die Keuschheit ihres Körpers und die Reinheit ihrer Seele geweiht«.

Unterdessen hatte der britannische Prinz Conan Mériadec mit zweitausend Mann Armorika erobert. Nachdem er sein neues Reich durch den Krieg erst einmal um seine Einwohner gebracht hatte, galt der Wiederbevölkerung die ganze Sorge des Prinzen. In diesem Sinne erbat er sich von den britannischen Regenten eine Schiffsladung heiratsfähiger Jungfrauen, die seinen Soldaten bestimmt waren. Für sich selbst erbat er die Hand der Prinzessin Ursula, was dem Vater, der vom Keuschheitsgelöbnis seiner Tochter unterrichtet war, den größten Kummer bereitete. Während der dreitägigen Bedenkzeit, die man Ursula gewährt hatte, wurde ihr vom

Himmlischen Gemahl das Schicksal enthüllt, welches sie selbst und ihre den Soldaten bestimmten Begleiterinnen jenseits des Wassers erwartete. Im Besitz dieser Erleuchtung erklärte sie sich bereit, zusammen mit den übrigen elftausend Jungfrauen, die aus dem ganzen Land zusammengebracht worden waren, den Kanal zu überqueren, und der so ungeduldig in Armorika erwartete Konvoi ging tatsächlich in See. Aber die Vorsehung ist allgegenwärtig, und manchmal schlägt sie ungeahnte Wege ein, um die Kinder Gottes in den rechten Hafen zu lenken.

Als die Schiffe mit den elftausend und einer Jungfrau zur Mitte des Ärmelkanals gelangt waren, brach ein solcher Sturm los, der sie wütend hierhin und dorthin warf, daß der Zug von seiner Route abkam und schließlich an der Rheinmündung Schiffbruch erlitt. Ursula und ihre Begleiterinnen, die wunderbarerweise heil aus der Katastrophe hervorgegangen waren, machten sich zu Fuß nach Köln auf, wo sie Beistand zu finden hofften, um dann nach Armorika gelangen zu können. Die Stadt wurde aber gerade von den Hunnen belagert, die sich des jungfräulichen Zugs auf ihre Weise annahmen: Sie machten sie zu ihren Gefangenen und wollten sie zwingen, sich von Christus abzuwenden und ihre Keuschheit aufzugeben. Die heiligen Jungfrauen, die sich allesamt weigerten, wurden auf der Stelle massakriert. »Durch diese Art Martyrium«, so Bruder Albert le Grand, der oft mehr Pietät als Stil besaß, »kehrte die selige Prinzessin Sankt Ursula – zwei Girlanden krönten sie: die eine zum Zeichen ihrer Jungfernschaft, die andere zum Zeichen ihres Martyriums – zum Ruhme ihres Himmlischen Gemahl heim. Ihr folgte jene Schar der Glorreichen, die sie zur letzten Ruhe geleitete.«

MESSIRE SANKT YVES (Namenstag: 19. Mai)
Yves Hélory – »das Vorbild aller kirchlichen Würdenträger, Schmuckstück seines Zeitalters, Anwalt und Vater der armen Witwen und Waisen« – Sohn des adligen Kermartin, wurde 1268 in der Nähe von Tréguier geboren, während Innozent III. den apostolischen und Jean der Rothaarige den bretonischen Thron innehatte. Yves war vierzehn Jahre alt, als sein Vater ihn nach Paris schickte, damit er Logik und die schönen Künste, sodann die Dekretalen, die Scholastik, das Kirchenrecht und schließlich das Zivilrecht studiere. Wieder in der Bretagne wurde er Offizial des Erzdiakons von Rennes und versah gleichzeitig sein Richteramt mit solch vorbildlicher Unbestechlichkeit, daß der Bischof von Trégor ihm dieselbe Funktion in seiner Amtsstadt übertrug. Als rechtschaffener Gesetzeshüter ging es ihm mehr darum, die beiden Parteien zu versöhnen, als einen Prozeß zu führen.

Es wird erzählt, daß einmal ein Reicher einen armen Schlucker vor Gericht gebracht hatte, weil dieser täglich im Rauchfang der Küche des reichen Mannes sein Brot mit Bratenduft zu parfümieren pflegte. Da nahm der gute Richter aus seiner eigenen Börse ein Geldstück, das er am Ohr des Klägers mit den Worten zum Klingen brachte: »Der Klang ist den Geruch wert. Der da hat Euch Wind genommen, und damit bezahl' ich Euch auch.«

Yves, der selbst von Enthaltsamkeit lebte und auf dem blanken Boden schlief, öffnete freimütig allen Bedürftigen die Tür und nährte sie überreichlich. So nahm er eines Tages einen armen Mann, »der ganz von der Lepra zerfressen war«, in seinem Zimmer auf, ließ ihn waschen, um dann mit ihm Speis und Trank zu teilen. Und siehe da, inmitten der Mahlzeit umgab den armen Tropf plötzlich ein solches Leuchten, daß der ganze Raum davon hell wurde, und der Fremde spurlos darin verschwand. Der Heilige Yves, gewiß, daß sein Gast kein Geringerer als Jesus Christus persönlich gewesen war, blieb von seliger Freude erfüllt zurück.

Ein gewisser Olivier, Diakon aus Tréguier, berichtet gesehen zu haben, daß Messire Sankt Yves sich eines Nachts in der Kathedrale des Orts mit dem großen Sankt Tugdual unterhalten habe, der eigens zu den gerade Verstorbenen gekommen war, um seinen Nacheiferer in Sachen Heiligkeit zu treffen.

Im 50. Jahr seines Lebens hauchte das »Vorbild der Geistlichkeit« nach einem an Wundern und Ehren reichen Leben seine Seele aus.

Im bretonischen Land wird erzählt, daß der Heilige Yves, kurz nachdem er unbemerkt ins Paradies gelangt war, vom ersten der Jünger entdeckt und gezwungen wurde, den Ort sogleich zu verlassen. Unser Fachmann des zivilen und kanonischen Rechts war da um keine Antwort verlegen und entgegnete, er käme der Aufforderung nur nach, wenn sie ihm durch einen »Justizgehilfen« zur Kenntnis gebracht würde – durch einen Gerichtsvollzieher also... aber da es davon keinen im Paradies gibt, weilt Sankt Yves noch immer dort.

Doch wurde das Eindringen nach Husarenart bald darauf in aller Form anerkannt: am 19. Mai 1347 wurde Yves Hélory in Rom, S. S. Clemens V regnante, heiliggesprochen.